NUNCA DEJARÉ DE AMARTE

POR

Pastor Jaime Galarza Sierra

© 2019

Título: Nunca dejaré de amarte
Subtítulo: Una historia de fe, esperanza y amor
Autor: Pastor Jaime Galarza Sierra
Correo electrónico: dr.galarzajaime@gmail.com

Segunda edición (editada y ampliada) impresa en Estados Unidos.

Las historias narradas en este libro son hechos reales. Los nombres han sido utilizados bajo previa autorización.

© 2019 por Jaime Galarza Sierra.
IBSN: 9781699066737

Edición general y estilos para la plataforma Amazon: José Daniel y Eddie Joel Martínez

COMENTARIOS

A continuación, comentarios de apoyo y solidaridad de algunas de las personas que me acompañaron durante el proceso legal que se extendió del 20 de marzo al 21 de agosto de 2015.

Le damos la más grata y cordial de las bienvenidas al nuevo libro del Rdo. Dr. Jaime Galarza Sierra, Nunca dejaré de amarte. Esta obra presenta el testimonio real de un ministro que debe enfrentar las adversidades más desafiantes y angustiosas de la vida, con seguridad, autoridad y dignidad...

Le acompañamos y afirmamos en ese proceso complejo, del cual salió renovado y transformado. Fue para nosotros un privilegio y un honor hacerlo.

Dr. Samuel Pagán, PhD; DTh
Autor y decano
Centro de Estudios Bíblicos en Jerusalén

Dra. Nohemí Pagán, DMin
Autora y profesora de espiritualidad
Centro de Estudios Bíblicos en Jerusalén

Esa mañana del viernes, 20 de marzo de 2015, escuché la noticia que los medios estaban divulgando. Se me estrujó el corazón y lloré mucho. Realmente, me despertaron con la noticia y quería pensar que todo era un sueño. Mientras pasó el día empecé a sentir paz y sabía que me la había dado Dios.

Conozco al hombre y al pastor porque ambos están estrechados de la mano. Para mí no hay un pastor y un hombre, sino un hombre pastor del que conozco su amor por Dios, su entrega y compromiso por Su obra. Entonces supe que el Señor estaba en medio de todo ese proceso y que sería para testimonio de cuánto Él ama a sus hijos, de Su protección y cuidado.

Siempre supe que todo iba a estar bien. Porque donde está Dios toda obra para bien. Por eso te apoyé. Porque no podía dejar solo a mi pastor en un momento como este. Porque cuando se conoce el corazón de alguien no hay espacio para las dudas.

Hna. Ada L. Filippetti Pérez, MPH; PsyD (c)
Presidenta Junta de Síndicos e Iglesia 2014-2019
Tercera Iglesia Bautista de Ponce

♦ ♦ ♦ ♦ ♦ ♦ ♦

Hace muchos años que conozco a Jaime como pastor y comunicador social de radio y televisión; más tarde, como amigo también. Nuestra amistad ha durado por largo tiempo. Ha sido una bendición para mis hijos y mi familia. Luego, en mis diferentes desempeños, dirigiendo medios de comunicación radial y televisivo, me llevaron a conocer más y mejor al pastor y doctor Jaime Galarza.

Eres un hombre con un poderoso mensaje de parte de Dios. Te bendigo, Jaime. Te doy las gracias por tu compromiso con el mensaje y la palabra que compartes.

Sr. Ray Cruz Santiago
Periodista y comunicador social de radio y televisión
Director de Noticias Generación News
Expresidente de WIPR
Ex Vice-Presidente de Programación UNO Radio Group

♦ ♦ ♦ ♦ ♦ ♦ ♦

Porque somos hermanos, compañeros y amigos, por eso te acompañé durante todo tu difícil proceso en el 2015. El resultado fue la reivindicación de tu nombre y ministerio. Si hubiera sido otro el resultado también hubiera permanecido a tu lado.

Cuando un compañero, hermano y amigo enfrenta una situación difícil lo menos que uno puede hacer es acompañarle sin preocuparse por las implicaciones que pueda tener ese acompañamiento para uno. El amor es verbo, acción, no un mero nombre, no una simple teoría. Por eso, simplemente, por el amor de Cristo estuve contigo. Dios te siga bendiciendo y usando como instrumento en Sus manos.

Rdo. Dr. César R. Maurás, DMin
Pastor General Primera Iglesia Bautista de Caguas
(1987-2018)
Ministro Jubilado Iglesias Bautistas de Puerto Rico
(IBA/EUA)

◆ ◆ ◆ ◆ ◆ ◆ ◆

Mi amada esposa y yo decidimos apoyarte en medio de tu doloroso proceso porque creímos en ti. Entendimos que Dios lo estaba permitiendo para Él glorificarse. Cuando orábamos por ti en nuestra intimidad con el Señor sentíamos paz y lo único que venía a nuestra mente era: "Y sabemos que a los que aman a Dios todas las cosas obran para bien. Esto es, a los que conforme a Su propósito han sido llamados" (Romanos 8: 28).

Cuando le preguntábamos al Señor el porqué de tu proceso, lo que nos decía era: "Solo espera que yo haré verdadera justicia".

Pastores Evelyn y Félix Vázquez, Jr.
MRB Casa de Nuevos Comienzos
San Germán, Puerto Rico

El ser humano tiene la maldita tendencia de adjudicar la maldad en los demás sin valorar sus bondades. Nunca me pude tragar la versión del policía o agente sobre lo supuestamente acontecido esa madrugada del 20 de marzo de 2015. Oré y lloré gritando cuando me enteré de la noticia. Pensé en el dolor que estabas atravesando y junto a algunos compañeros y compañeras en el ministerio estuvimos esperando se impartiera la justicia humana y la divina como se cumplió. El Rdo. Dr. y pastor Jaime Galarza Sierra es uno de esos locos del evangelio según la sabiduría humana, pero el poder de Dios está y se manifiesta a través de él.

Rda. Dorcas Rojas, MDiv
Pastora Iglesia Bautista de Trujillo Alto
Trujillo Alto, Puerto Rico

◆ ◆ ◆ ◆ ◆ ◆ ◆

Te apoyé en tu proceso porque eres mi amigo y te conozco de muchos años. Sabía que, aunque de lejos pareces loco y de cerca lo eres, no era para llegar a tanto. Soy testigo de tu trayectoria ministerial y conozco tu corazón pastoral. Porque, simplemente, me parecieron tan absurdas las acusaciones contra ti, sin fundamentos sólidos y no me cuadraban los argumentos en tu contra.

Porque sabía que Dios tenía un propósito para tu vida detrás de todo esto y si no te apoyaba iba a ver cumplido ese propósito de lejos sin ser parte y eso no me lo podía perder.

Tenía que estar cerca para ver las maravillas de Dios en todo este proceso. Porque mi corazón así me guiaba. Creía en ti, en tu inocencia y en tu integridad, en el hombre de Dios que había conocido desde hacía más de quince años.

Rda. Dra. Raquel Echevarría Quiñones, PhD
Presidenta Colegio Teológico del Caribe 2009-2019
Concilio de las Asambleas de Dios Región de Puerto Rico

Jaime, tenemos la certeza de que no hay nada que podamos hacer para ganar nuestra salvación, pues es por pura gracia y misericordia de Dios. "Porque no es por obras para que nadie se gloríe", dice la Palabra. Pero también sabemos que cualquiera buena dádiva que hagamos es la evidencia de que Dios está en nuestras vidas y nos dirige, quien pone en nosotros el querer como el hacer, por Su santa voluntad.

Junto con la oportunidad del ejercicio de poder ayudarnos unos a los otros, Él nos regala el gozo de saber que estamos haciendo lo correcto. El cubrirte en oración y apoyarte espiritualmente fue uno de esos momentos en que ejercité el poder ayudarte y sentir el gozo de estar cumpliendo con lo que Dios me envió a hacer. Definitivamente, fue un privilegio hacerlo. Creo no equivocarme cuando afirmo que también hubieses hecho esto mismo por mí y por muchos otros.

Pastor Dr. Jesús Cruz Correa, MD
Director Oficina de Capellanía Evangélica Región Ponce
Médico ginecólogo obstetra

TABLA DE CONTENIDO

DEDICATORIA

A dos guerreras de la fe que hicieron posible mi primer encuentro con Jesús desde mi niñez hasta mi adolescencia. Ellas fueron doña Esthelina Medina Cales (doña Lina) y la Hna. Elisa Torres de Agosto.

AGRADECIMIENTOS

Luego del proceso legal vivido desde el 20 de marzo al 29 de septiembre de 2015 decidí escribir otro libro. No obstante, recuerdo las palabras del Señor en mi mente y corazón: "Escribe. Porque mi mensaje a través de tus escritos llegará lejos sin necesidad de usar tu voz. Esto te abrirá puertas para que seas de bendición a muchos y recibas ingresos. Ingresos para que puedas hacer la misión sin preocupaciones mayores." Esto me ha sido confirmado una y otra vez. La última de ellas, en una consulta realizada a mi amigo, hermano y colega ministerial, Rdo. Dr. Jorge A. Texidor Quiles, psicólogo clínico, ministro presbiteriano ordenado y pastor activo en el estado de la Florida, Estados Unidos.

Así que, el libro lo pude terminar luego de cuatro años y medio del evento. Este es el tiempo preciso para seguir anunciando que se puede tener esperanza en tiempos de crisis. Habrá un segundo volumen que recogerá experiencias que le darán continuidad a lo vivido. Por lo pronto, en este comparto lo esencial de lo sucedido y las enseñanzas más importantes.

Todo esto me hace expresar palabras de agradecimiento, primero que todo, a mi Dios, el del acompañamiento y la solidaridad aun cuando hay que cruzar valles de sombra y de muerte. Esos que no siempre se comprenden en el momento, pero traen enseñanza y aprendizaje a la vida nuestra. Este es el mismo que me llamó con llamamiento santo a la gran tarea de pastorear almas; ese Dios que siempre me ha mostrado Su gracia y misericordia, una y otra vez, y me ha tratado con gentileza y gran respeto.

Por eso, Señor, nunca dejaré de amarte. Porque no te amo por lo que has hecho, haces o harás, sino por lo que has sido, eres y serás en mi vida siempre. Porque eres mi respirar y sin ti sé que me muero. Gracias, además, a mi familia directa; primeramente, a mi madre, doña Luz. Agradezco a mis hermanos Pito, Cuca, Bertito, William, Edwin y Manu. Mi gratitud a mis cuñadas Iny, Kim, Lety y Sonia. Además, a mis sobrinos, sobrinos nietos, primos y a mis tíos.

Estoy agradecido de mi familia de la fe a lo largo y ancho de todos los continentes, representada en las diferentes iglesias cristianas del mundo. Pero muy en especial a la Tercera Iglesia Bautista de Ponce, por haberse crecido de la manera en que lo hizo al brindarme su cuidado pastoral de altura y con una calidad excepcional y sin precedentes. Son muchas las iglesias, denominaciones y su respectivo liderato el que tiene que aprender de esta gran lección de amor, apoyo y solidaridad con el árbol caído. En este caso muy particular, con su pastor. Fueron ustedes, hermanos de Ponce 3, cuando en tiempos de invierno extremadamente frío me calentaron, acurrucándome y protegiéndome con sus propias vidas contra toda clase de mal.

Gracias a mis amigos del alma y del corazón que supieron demostrarme su amor sincero y genuino. Entre los cuales cuento a Jorge A. Texidor; Cruz Alberto Negrón; Lucy I. Rosario; Raquel Echevarría; Evelyn y Félix Vázquez; Nory y Henry Báez; Lizbeth y Glenda Pérez; Gabby González; Elí y Milly González. Incluyo a mis amigos de la Sagrada Cofradía, entre otros más, que sin mencionarlos ustedes saben quiénes son.

Mi gratitud a mi madre espiritual, la siempre ministra ejecutiva, la reverenda Edith Yamina Apolinaris Concepción, por todo su apoyo, solidaridad, comprensión y ayuda incondicional. Se unieron a ella los pastores Dorcas Rojas, Milady Oliveras y César Maurás. Mi deuda de gratitud eterna para ustedes.

A una amiga y hermana en la fe, Berenice Caraballo Marín, quien se encargó de la revisión en cuanto a redacción y estilo de este libro. Además, otras sugerencias generales. Muchas gracias por tan valioso tiempo de calidad dedicado a estos asuntos de gran importancia junto al resto del trabajo que realizas como colaboradora principal de ACADE, Inc.

A mi iglesia madre, su pastor y liderato por ser mi *Adulam* gran parte del trayecto. El Rdo. Juan Nelson Medina Argüeta, Luis A. "Papá" Marín, Jessie Mitjá, Ariel González, Félix Vélez, entre otros líderes y hermanos de la Primera Iglesia Bautista de Yauco.

A mi representación legal compuesta por el bufete legal del Lcdo. Pablo Colón Santiago y al Lcdo. Francisco Sánchez.

A mis amigos y hermanos José Daniel y Eddie Joel Martínez por los arreglos de edición general y estilo para la plataforma de Amazon.

A los ausentes en el camino, a los que me dieron la espalda y me dejaron solo, gracias. A los que esperé y nunca llegaron, no llamaron ni escribieron, mi gratitud. Mis palabras de agradecimiento profundo por ser los motivadores para que siguiera hacia adelante hasta el final. Fueron ustedes, sin saberlo, quienes más me impulsaron para mantenerme firme, sirviendo de diferentes maneras al Señor de la Obra y también a la obra del Señor. ¡Muchas gracias!

Los amo siempre,
Jaime Galarza Sierra

PRÓLOGO

Conocí al autor de este libro cuando comenzó a asistir a la iglesia en la que nací, crecí y persevero. Nuestro primer trabajo juntos para la Obra de Dios fue en la década de los ochenta. Siendo Ministra de Educación Cristiana pedí a mi hermano y amigo Jaime aceptara ser el director de la Escuela Bíblica de Verano. Fue una gran experiencia la de ese año. Cuando me acogí a los beneficios de la jubilación, el entonces Rdo. Dr. Jaime Galarza Sierra, solicitó me uniera al equipo de ACADE, Inc. para cubrir un área que necesitaba atención. Fue la oportunidad de sentirme útil y hacer uso de los conocimientos y experiencia adquiridos durante veintisiete años de servicio en áreas administrativas. Además, trabajaría desde la comodidad de mi casa, sin horario fijo y las labores a través del Internet.

En la mañana del 20 de marzo de 2015 recibí una llamada de una amiga y hermana de nuestra iglesia preguntándome si sabía sobre lo ocurrido. Fue, precisamente, a través de ella que me estaba enterando. Mientras la escuchaba sentí del Señor que esto era orquestado por alguien para hacerle daño a nuestro amigo de años. Debido a las situaciones vividas, las que leerás en el libro, la mayor parte del equipo de trabajo cesó sus funciones. Muy pocos permanecimos haciendo las tareas que no se afectaron a pesar de los eventos.

Llegó el 21 de agosto de 2015, el día de la primera victoria del pastor Jaime. Al enterarme del veredicto recordé las palabras que sentí del Señor la mañana del 20 de marzo. Sobre los demás triunfos te enterarás en el libro.

Mientras lees cada página, te invito a reflexionar y mucho más... Deseo puedas reconocer que Dios permite la prueba para bendecir. Espero medites en las enseñanzas que te presenta el autor, repases las que sabes y aprendas nuevas; que comprendas tienes la capacidad de transformar en esperanza cualquier crisis, angustia, dolor y sufrimiento, como lo hizo él. Si haces todo esto, definitivamente, podrás decir junto al Rdo. Dr. Jaime Galarza Sierra: "Señor, nunca dejaré de amarte".

Berenice Caraballo Marín, BSBA
Colaboradora de ACADE, Inc.

INTRODUCCIÓN

NUNCA DEJARÉ DE AMARTE es un libro que recoge el proceso de enseñanza y aprendizaje más significativo durante y después del proceso legal que me tocó vivir en 2015. Incluye, pero no se limita, al caso legal que enfrenté siendo miembro de la oficina de Capellanía Evangélica de la Policía de Puerto Rico, como capellán capitán. En ese momento histórico de mi vida era también el Rdo. Dr. Jaime Galarza Sierra, ministro ordenado de las Iglesias Bautistas de Puerto Rico (ABC/USA), profesor de la Universidad Interamericana de Puerto Rico, doctor en psicoterapia pastoral clínica y pastor de la Tercera Iglesia Bautista de Ponce.

Es mi mayor deseo que a través de este libro puedas mirarte como si fuera un espejo. Qué cada capítulo te permita un ejercicio de introspección para reflexionar sobre de dónde venimos, quiénes somos y hacia dónde vamos. Qué el mensaje central te ayude a fortalecer tu fe si estás pasando por una crisis, te ayude a saber que a los que amamos a Dios también nos suceden cosas no muy buenas. Qué sepas, no siempre se está en el monte de la transfiguración, sino que también hay momentos para cruzar el valle de sombra y de muerte. Por tanto, cualquier experiencia que te haya tocado vivir, cualquier situación en estos justos y precisos momentos o cualquier eventualidad futura tendrá su razón de ser.

El capítulo uno expone el tema de mis orígenes familiares. Me parece un tributo a una historia de amor entre mis padres biológicos. Una tercera oportunidad de hacer familia le permite a mi papá ver la vida de una manera diferente. Si mis padres no se hubieran conocido yo no estaría aquí.

En el capítulo dos enfatizo mi propia historia. Les comparto detalles más a fondo sobre mis etapas de nacimiento, crecimiento y desarrollo. Sabrás sobre los años de la niñez, adolescencia y juventud temprana. Además, te contaré de mis luchas, conflictos y encuentro con Dios; de cómo Jesús Cristo vino a cambiar el rumbo de mi existencia. Incluyo mis diferentes áreas de servicio ministerial laical como maestro, evangelista, cantante, predicador, entre otras más. El capítulo tres comprende mi llamamiento ministerial. En este doy algunos datos del desempeño en las diferentes iglesias en donde he servido. Comparto mi crecimiento y desarrollo como líder desde la pastoral.

En el capítulo cuatro trato sobre un tiempo de abundancia y prosperidad ministerial. Incluye la expansión que tuve en el ministerio. Me refiero al periodo de principios de 2009 hasta marzo de 2015.

Es en el capítulo cinco que hago un recuento detallado de lo que me sucedió en el proceso legal. Está toda la verdadera información que los medios de prensa no cubrieron para que usted llegue a sus propias conclusiones.

En el capítulo seis comparto gran parte de la ganancia espiritual a mi vida. No fue un tiempo de pérdida, aunque al principio parecía eso. Puedo compartir los beneficios que me ha traído todo el proceso legal con sus respectivas implicaciones

Para mí el capítulo siete es muy significativo. En este conocerás el desenlace del caso. Leerás que, contrario a lo que pensé, no culminó el 21 de agosto de 2015 con el veredicto del juez.

El capítulo ocho presenta un proceso inconcluso que seguirá en el segundo volumen. Entiendo que Dios no ha terminado conmigo. Somos una obra incompleta de Él. Por lo tanto, dejo espacios para la continuidad de ese quehacer en las manos del Señor.

Termino con un epílogo. Describo, brevemente, las tareas que estoy llevando a cabo luego que terminé la primera parte de mi proceso. Porque el trabajo en el Señor continúa.

Espero, la lectura de estos capítulos resulte de grande aprovechamiento para ti en lo personal, si eres líder laico o si ejerces algún tipo de ministerio. Confío que lo que aprendas lo puedas compartir con otras personas. Porque en el último de los análisis, esa es mi primera intención.

¡Paz y bien en abundancia!

Jaime Galarza Sierra

CAPÍTULO I

Orígenes familiares

"En el principio creó Dios los cielos y la tierra. Y la tierra estaba desordenada y vacía, y las tinieblas cubrían la faz del abismo, y el Espíritu de Dios se movía sobre la faz de la tierra." *Génesis 1: 1-2 RVR1960*

El relato del Génesis nos dice que en el principio de todas las cosas Dios fue el creador de todo. Luego la creación estaba desordenada, vacía y llena de tinieblas. Algunos exégetas bíblicos coinciden que entre el verso uno y el dos no podemos precisar cuánto tiempo cronológico pasó. Pudo haber transcurrido mucho, lo que permitió la rebelión de Luzbel contra Dios. Al ser sacado del cielo su rumbo fue hacia la tierra. Esto causó el desorden, el vacío y las tinieblas.

Un detalle que siempre me llama la atención es que, a pesar de las condiciones en que se encontraba la creación, en ese momento la presencia de Dios estaba allí. Porque como compartiré, Su presencia no la condiciona nada ni nadie. Hay veces que nuestra vida también pasa por momentos en donde por causa de las acciones y/o decisiones propias terminamos en estilos de vida desordenados, vacíos y la vista se vuelve en tinieblas. Perdemos la capacidad de poder mirar y ver.

Así considero fue la historia y experiencia que vivieron mis padres antes de conocerse y establecer la familia que hicieron. De esta unión de amor soy el último vástago. Por eso comparto esta historia de amor. No me cabe la menor duda que siempre estuvo en el plan de Dios.

Mis padres biológicos vieron la luz por vez primera en la década de los treinta. Don Manuel Humberto Galarza Vázquez nació en Guayanilla, Puerto Rico, el 21 de diciembre de 1930. El Barrio Buen Consejo Bajo fue la cuna que lo acuñó. Su hogar era humilde y de gran escasez económica, como el de tantos de los que vivían a su alrededor.

Sus padres, mis abuelos, Manuel Galarza Torres y Evangelina Vázquez Quirós, fueron personas de campo adentro, mejor conocidos como jíbaros puertorriqueños. Eran de oficio agricultor y ama de casa, respectivamente. Mi padre tuvo tres hermanos y una hermana, a los que llamaron: Ismael, Rafael (Felo), María del Pilar (Pilar) y Carlos Enrique (Kike). Mi papá fue el jamón del sándwich, o sea, el hijo del medio. Porque dos eran mayores que él y dos menores. Este era su cuadro familiar.

Eran tiempos de muchas necesidades y particularidades que solo la gente de esa época en Puerto Rico pudiera comprender a la perfección. Se trabajaba la siembra de plantas y árboles para comer de sus frutos. Se buscaba agua en el río o la quebrada para ser traslada a la casa en envases de lata (latones). Cocinaban con leña en unas estufas de fabricación casera llamadas fogones o fogón. Las casas eran de tablas y se techaba con planchas de zinc. Se alumbraban con velas, lámparas y quinqués de gas querosén. Criaban animales en el patio, tales como: gallinas, gallos, patos, gansos, guineas, conejos, cabros, becerros, vacas, toros, cerdos. Era para consumir su carne fresca y sus huevos para poder subsistir.

El respeto, valores, hermandad, crianza comunitaria y el compartir lo mucho o lo poco era la orden del día. De esta manera se vivía de forma sana y los vecinos se trataban como familia, sin diferencias entre unos y otros. La relación de compadrazgo era algo serio y de alta estima en el Puerto Rico de entonces. Se escogían a las mejores personas para ser padrino y madrina de bautismo. Esto se hacía como una costumbre. Si los padres biológicos morían por cualquier causa imprevista (fuera salud o precariedad) se hacían cargo de los hijos en un compromiso de terminar la crianza. Las posibilidades de estudios no eran para todos. Por eso mi padre no tuvo la dicha de convertirse en un profesional, producto de la escuela.

Por otro lado, mi madre, doña Luz Garda Sierra Rodríguez, nació en la Avenida Hostos, Sector el Ciclón, de la Ciudad Señorial de Ponce, Puerto Rico. El 16 de junio de 1932 fue cuando vio la luz por primera vez, aunque fue inscrita como nacida el 31 de julio. Juan Sierra y Tribursia Valeriana Rodríguez Barros fueron sus padres biológicos. Era la segunda de seis hijos: dos varones y cuatro niñas. Sus hermanos fueron: Encarnación (Cachón), Rafael (Rafa), Rosalina, Mariana y Osvaldo (Valdo).

En su niñez temprana no careció de muchas necesidades materiales porque su padre y abuelos paternos tenían una compañía de camiones de transporte en la Playa de Ponce. Sin embargo, a los doce años quedó huérfana. Un trágico accidente cegó la vida de su papá. Cuentan los que conocieron la historia, que su mejor amigo fue despedido de la compañía de camiones por pobre desempeño, debido al consumo de alcohol. En una discusión por causa de esta acción, ambos en estado de embriaguez, se enfrentaron a las manos. Mi abuelo, Juan Sierra, recibió una herida de cuchillo y quedó abandonado en un puente, muriendo desangrado y solo.

Su muerte trajo la desgracia a toda la familia, quedando mi abuela sin protección y sustento para mantener a los hijos bajo un mismo techo.

Mi madre fue marcada por este suceso que le trajo consecuencias toda la vida. Su mamá luchó como "gato boca arriba" para echar este cuadro de hijos hacia adelante y no se volvió a casar, aun cuando enviudó joven.

Esto trajo separación entre los hermanos. Una de las hijas fue traslada a casa de unos tíos en mejor posición económica para ser terminada de criar con sus primos. La carencia de bienes materiales no ayudaba a que todos pudieran tener lo necesario para vivir y mi abuela se sintió obligada a tomar tal decisión a solicitud de ellos. Esto siempre lo resintió mi tía Rosalina, quien siempre decía que no entendía por qué tuvo que ser criada fuera del hogar de su madre y sus hermanos biológicos.

Pasaron los años y en su adolescencia mi madre conoció a quien fue mi padre. Su hermana mayor Encarnación (Cachón) se había casado con un hermano de él (Rafael, mejor conocido por Felo). Esa relación de cuñados causó que mi papá conociera a mi mamá y luego la pretendiera. Tenían dieciséis y catorce años, respectivamente.

En el 1946, todavía en Puerto Rico había necesidades precarias y de poca o ninguna industrialización. Más bien, la agricultura era la fuente de sustento de la mayoría de las familias. Ese tiempo no fue el más adecuado para que mi madre pudiera corresponderle el amor a mi padre. En ese momento él tenía una hija no conocida, de dos años. El rechazo de mi abuela materna (Mami Vale) lo empujó a seguir su camino. Entonces, estableció una relación con la viuda de un primo suyo (Juan Pablo Galarza), a los dieciocho años. Carmen Torres (Carmela) tenía seis hijos de su primer matrimonio. Sus nombres son: Lydia, José Antonio (Ningo), Teófilo (Yeye-fenecido), Delia (Tita), Alberto y Pablo Jr. (estos últimos dos fenecidos). En su nueva relación con mi padre procrearon dos varones y una niña. Estos son mis hermanos mayores. Manuel (Pito), Carmen Iris (Cuca) y Humberto (Bertito) con sus nombres y apodos.

La década de los cincuenta en Puerto Rico fue una en la que hubo mucha necesidad económica y material. Muy parecido a lo sucedido en el 2017, luego del paso del Huracán María, el 20 de septiembre. Las familias emigraron hacia los Estados Unidos, en especial al estado de Nueva York, buscando un mejor porvenir y una mejor calidad de vida.

En 2017 y 2018 el lugar de mayor recepción de puertorriqueños fue la Florida, a diferencia de la década de los cincuenta. Muchos familiares se iban y enviaban a buscar a los suyos y a otros vecinos conocidos para que tuvieran la misma oportunidad de progreso. Mi padre no fue la excepción. Emigró y se estableció, precisamente, en Nueva York. Se marchó con su esposa Carmen, los cuatro hijos que vivían con ella y los primeros dos de los tres que procrearon. Los cambios no les favorecieron y en el 1954 él no se sentía parte de esta familia y hogar. Entonces, en la Gran Manzana tuvo un estilo de vida libre y voluntario, en el que hizo muchas cosas, desde trabajar hasta festejar. Recorrió toda la ciudad, divirtiéndose a granel y terminando esa relación familiar.

Por otra parte, mi madre tomó la misma decisión que él al emigrar a Nueva York. Una familia ponceña vecina la enviaron a buscar, cumpliendo una promesa de mucho tiempo antes, junto a otras dos amigas. Las tres hicieron el 4 de diciembre de 1952 lo que mucha gente en esa época hacía. Se fueron para cumplir el gran sueño americano de llegar a Estados Unidos para alcanzar una mejor calidad de vida y porvenir.

Mi mamá cuenta que comenzó inmediatamente a trabajar en una fábrica de costura. Cobraba $32.00 semanales. De ellos, enviaba $10.00 a su madre, pagaba igual cantidad a la familia que la enviaron a buscar, para pagar por renta y comida, y los restantes $12.00 los usaba para sus necesidades personales. Sus vecinas y amigas, en cambio, se dedicaron a actividades de festejo y vida libre, por lo que no pudieron continuar juntas y Mami nunca más supo de ellas.

Pasados dos años, mi madre se reencontró con mi padre. Esto fue a finales del 1954, en una estación del tren en Brooklyn, NY, llamada *Delancey*. El esposo de la única hermana de él, Alejandro Martínez (Jando o Jany), le había dicho a Papi que se había encontrado con ella en una estación del tren.

De allí surgió el interés de él por volver a ver a aquella joven con la que no pudo establecer una relación formal porque su "suegra" lo había rechazado cuando tenían dieciséis y catorce años, respectivamente. Una tarde mi madre estaba en compañía de su hermana menor, Mariana. Regresaban juntas de trabajar. Saliendo de aquella estación en *Delancey,* mi tía Mariana se percató que mi padre venía caminando hacia ellas. Ella le mencionó a mi mamá: "Garda, ese es Berto". Nerviosa, alzó su mirada y, efectivamente, era él, quien volvió a verla luego de tantos años. Ni tonto ni perezoso, después de haber ido tres días consecutivos a la estación del tren con la intención de reencontrase con ella, según se lo había dicho su cuñado, las invitó a que le acompañaran para visitar a su hermano Rafael (Felo). Él era el esposo de Encarnación (Cachón), hermana de mi madre. Esta fue la excusa perfecta para lograr una oportunidad de conversar nuevamente en un lugar seguro para todos. Ambas accedieron y llegaron al lugar donde mi padre vivía con su hermano mayor, lográndose el tan esperado rencuentro.

Para ese entonces mi padre había terminado su relación de familia con la madre de sus dos hijos, la cual estaba embarazada del tercero. Él, en su estilo de vida libertino, le había faltado a la confianza a ella y por diferencias irreconciliables terminaron su relación.

No sé si en algún momento pasó por la mente de mi madre reencontrarse con él y viceversa. Lo que sabemos es que ella se convirtió en la tercera oportunidad de él para establecer un hogar y una nueva familia. El 5 de febrero de 1955 se unieron para siempre. Quedó en la historia de vida de mi padre la primera hija, concebida a los catorce años, dos hijos que tuvo a los dieciocho y diecinueve años, y el que venía en camino sin él saberlo.

Definitivamente, fue una nueva oportunidad la que se le presentó a mi padre aquel 5 de febrero de 1955. El 8 de diciembre de 1958 nació mi hermano William, en Nueva York; el 21 de septiembre de 1960, mi hermano Edwin, también allí; el 20 de noviembre de 1964, en Ponce, Puerto Rico, al que llamaron Manuel Humberto. Luego de este último, mi madre sufrió un aborto de una posible niña que llevaría el nombre de Maritza, en honor a una hija de su hermana Mariana. A los tres meses perdió de forma natural este ángel que hoy está en el cielo porque los niños son de Cristo y no tienen responsabilidad ni culpa al partir a la eternidad a tan temprana edad.

En agosto de 1964 mi madre regresó a Puerto Rico, para dar a luz a mi hermano Manuel Humberto debido a condiciones de salud que ella padecía. Al sufrir de asma bronquial crónica el clima frío de Nueva York no le favorecía. Regresó a su Ciudad Señorial de Ponce junto a mis otros dos hermanos, William y Edwin, a vivir con mi abuela materna, Mami Vale. Luego del nacimiento de Manu mi padre vino a Puerto Rico y regresó a Nueva York con mi hermano Edwin y dejó a mi mamá con William y el bebé por espacio de seis a siete meses, según el mejor recuerdo de mi madre.

Un año después, en mayo de 1966, compraron una casa en el Barrio Playa de Guayanilla, Calle Agua Dulce, número 10, en donde permanece mi madre. Desde entonces, ocuparon esa propiedad comprada con un dinero de compensación por enfermedad que mi padre recibió. Lo incapacitaron por un accidente que tuvo en su lugar de trabajo, en la cocina de un hospital en Nueva York. Luego de ser operado y recibir tratamiento fue compensado económicamente. Además, mi madre sufría de un asma crónica que no le permitía quedarse viviendo en los Estados Unidos. Así dándose las cosas se dio inicio a mi historia de vida.

CAPÍTULO II

Mi historia de vida

"Antes que te formase en el vientre te conocí, y antes que nacieses te santifique, te di por profeta a las naciones."
Jeremías 1: 5 RVR1960

Cuando pienso en la historia de mi vida puedo confirmar que las palabras del profeta Jeremías incluidas en el encabezamiento del capítulo se cumplieron en mí. También estas otras palabras bíblicas que el salmista expresa en Salmos 71: 5-6 y 139: 13-16, RV1960:
"Porque tú, oh Señor Jehová, eres mi esperanza, seguridad mía desde mi juventud. En ti he sido sustentado desde el vientre; de las entrañas de mi madre tú fuiste el que me sacó; de ti será siempre mi alabanza."
Todo lo anteriormente dicho se hizo realidad cuando el 16 de noviembre de 1967, a las 9:20 de la noche, nací en la Ciudad Señorial de Ponce, Puerto Rico, en el antiguo Hospital de Distrito. Así se cerró el ciclo familiar de esta última oportunidad que Dios le dio a mi padre. En esa tercera relación, segunda unión matrimonial, estuvo junto a mi madre en las buenas y en las malas por casi cincuenta y ocho años. Contra viento y marea estuvieron unidos para ser los instrumentos de Dios para darme vida humana.
Mi madre estaba en el noveno mes de embarazo y era de alto riesgo debido a su edad y condiciones médicas; entre ellas, un padecimiento severo de venas várices. Había sido intervenida en el Centro de Diagnóstico y Tratamiento de Guayanilla, PR (CDT).

En el expediente había una carta que certificaba que de haber alguna complicación fuera trasladada de inmediato al Hospital de Distrito de Ponce. No podrían correr riesgos para que no tuviera otro aborto y pérdida del bebé. El 1 de noviembre de 1967, ella se levantó de la cama y cuando trató de caminar sintió que algo de su cuerpo no funcionaba normal. Le pidió a mi padre que la llevara al hospital municipal. Luego de ser evaluada la enviaron a Ponce, como estaba indicado en el expediente. La ambulancia se dañó de camino. Por este contratiempo hubo que esperar un relevo hasta que finalmente llegamos mi madre y yo (en su vientre) al antiguo Hospital de Distrito de Ponce. Durante quince días ella y yo descansamos en aquella cama de hospital, disipando cualquier tipo de riesgo que condujera a la pérdida de su cuarto hijo.

La salud física de ella no era óptima. La condición de venas várices y fatiga crónica no propiciaban el mejor cuadro para traerme a este mundo. Aun cuando este embarazo no era el más recomendable, ambos estábamos listos para la aventura de nacer pasados los quince días de hospitalización.

Llegó el 15 de noviembre de 1967. Cerca de la noche ella se despertó para darse un baño y acostarse a dormir. Decidió hacerlo en ese momento, ya que había mayor tranquilidad en el área. Al terminar intentó caminar de regreso a la cama. No obstante, un fuerte dolor le sobrecogió e impidió que pudiera seguir. Tuvo que pegarse a la pared con mucha dificultad y permanecer de pie. Tan pronto pudo hablarle a la primera persona que se dio cuenta de lo que sucedía, y sin poderse mover con gran dolor y malestar, pidió agua. De inmediato, el personal de enfermería vino para asistirla y activar el protocolo para que ella pudiera dar a luz y me trajera a este mundo de los vivientes.

La acostaron en la cama y le recordaron que no podía hacer nada que pusiera en riesgo la salud de ella y del bebé que venía en camino. Por eso, precisamente, había estado hospitalizada quince días en absoluto reposo, en espera del momento del alumbramiento. Pasaron las horas sin saber lo que estaba sucediendo con ella. Sentía un gran dolor, malestar e incomodidad que no podía superar, al punto que se quedaba sin aire y corta de respiración.

En el otro lado estaba mi padre conversando con el médico que le pedía una firma o autorización que indicara cuál de los dos prefería se salvara, la madre o la criatura. Él tomó ese documento, lo rompió. Lo botó, diciendo: "¡Qué sea lo que Dios quiera y no lo que yo desee!".

Mientras él tenía esta plática con el médico entraron tres mujeres a la habitación donde se encontraba mi mamá. Le habían pedido permiso para orarle. Ella aceptó ante la angustia, dolor y sufrimiento que sentía. Aquellas damas oraron y ungieron su vientre, hablaron unas "palabras raras" que mi madre no entendió ni comprendió en ese momento (lenguas angelicales o glosolalia). Clamaron y pidieron por ella y por la criatura que venía en camino. La experiencia de sufrimiento que duró cerca de tres horas permitió que, tanto mi madre como yo, nos salváramos del inminente peligro de muerte que ambos corríamos.

Rick Warren, en su libro *Una vida con propósito ¿Para qué estoy aquí en la tierra?* (Editorial Vida 2012), incluye un poema de *Rusell Kelfer* que se adapta muy bien a mi experiencia de vida y lo quiero compartir.

Eres quien eres por una razón.
Eres parte de un plan minucioso.
Eres criatura singular, diseño hermoso
llamado por Dios hombre o mujer.

Vas tras la búsqueda de una razón.
Errores no comete Dios.

Te entretejió en el vientre, no eres ilusión.
Eres justo lo que él quería hacer.

A quienes tienes por padres el eligió,
pese a cómo te sientas por ello.
De acuerdo con su plan los escogió,
del Maestro llevan su sello.

No fue fácil encarar esa emoción,
Dios lloró al verte sufrir.
Lo permitió para formar tu corazón,
para que a su semejanza puedas vivir.

Eres quién eres por una razón.
La vara del Maestro te formó.
Eres quién eres, por amor.
La verdad, ¡hay un Dios!

Luego de nacer a las 9:20 de la noche, el 16 de noviembre
de 1967, medir diecinueve pulgadas y pesar seis libras, mi
madre tuvo paz. Su estado de salud física la dejó muy débil y
complicada. Permaneció cinco días más hospitalizada para
recuperarse y ser dada de alta para regresar a su casa. Mi
padre pasó el tercer cumpleaños de mi hermano Manuel
Humberto en el hospital con ella y conmigo.

Al regreso al hogar pudieron celebrar el don de la vida de
Manu, el de mi madre y el mío. Mi experiencia traumática al
nacer me hace recordar la historia de Jabes, contada en el
primer libro de Crónicas capítulo 4, versículos 9 y 10.
También fui dado a luz en angustia, dolor y sufrimiento, pero
Dios me dio la bendición de vivir y alcanzar todo lo que he
logrado. Desde entonces, he sido más que privilegiado y
bendecido.

Mis padres y hermanos teníamos el privilegio de tener unos vecinos inmediatos que se convirtieron en parte nuestra. El tipo de relación que se desarrolló entre la Familia Pagán Ortiz y los Galarza Sierra es una que permanece. Se ha cultivado desde 1966, cuando mi padre, por referencia de ellos, compró la casa en donde terminaron de criar a mis hermanos mayores y a nosotros dos (Manuel Humberto y yo). La Familia Pagán Ortiz era numerosa, compuesta por don Remí Pagán y Heroína Ortiz, mejor conocidos como don Remo y Mamá Loa. Los hijos de este matrimonio fueron muy amados por mis padres y ellos se comportaron con nosotros como hermanos y tíos mayores. Ellos son: Dora, Sarah, Milca, Toña, Corsa, Janice, Madel, Ernestito y Wito. Luego se fueron casando y aumentando la familia, con hijos que para nosotros eran como primos. Sariel, Milma, Antonio, Davo, el Flaco, el Goldo, Melva, Yariel, Yamil y Omar fueron los que pertenecían a mi época de niñez y adolescencia.

Un suceso que confirma el plan divino de Dios con mi vida ocurrió a los meses de nacido. Mi madre me había dejado durmiendo en una cama con palitos a la vuelta redonda. Ella no se explica cómo estando protegido por las sábanas y ropa apropiada para cubrirme sucedió lo que llamo mi segundo intento de muerte. El primero, al nacer con todas las complicaciones que compartí, y esta vez en una nueva experiencia traumática.

Mi hermano Manuel Humberto tardó mucho en aprender a hablar. Tenía tres años y le hacía señas a mi madre con el dedo, señalando el cuarto en donde yo estaba como forma de expresarse. Mientras hacía esto pronunciaba un "mmm, mmm". Ella no entendía a qué se refería y entrando la hermana de mi mamá, Encarnación (Cachón), le dice: "Anda y ve a ver qué quiere ese muchacho." Las señales y sonidos que Manu hacía eran porque me había desplazado en la cama y me había escurrido entre los palitos que estaban a vuelta redonda. Estaba encajado por los pies, con la cabeza hacia abajo, asfixiándome y renegrido.

Mi tía me recogió para ayudarme a recuperar el oxígeno y el color. La posición en la que estaba no me permitía respirar. Por segunda vez volví a liberarme de la muerte por voluntad divina.

Vivo sabiendo perfectamente cómo Dios tenía y tiene un plan hermoso con mi vida. La misión, el propósito y el destino profético que Dios declaró para mí es desde antes que fuese formado en el vientre materno. Ahora cuando miro hacia atrás estoy convencido del gran proyecto de vida personal que Dios tiene conmigo. El placer de servirle es muy grato y me da mucha satisfacción.

Recuerdo haber comenzado en la escuela, siendo admitido a primer grado con cinco años. No tuve la experiencia de ser estudiante del jardín infantil (*Kindergarten*). Mi madre estaba obsesionada con el maestro que daba primer grado, el cual había sido el mismo de todos mis hermanos. Era una escuela pública de primer y segundo grado en donde di mis primeros pasos como estudiante.

Siempre fui débil de constitución física, delgado y lleno de muchos miedos e inseguridades que arrastraba desde el vientre materno. Al ser menor que la mayoría de mis compañeros de clases no contaba con las herramientas para defenderme y poder enfrentar a los niños mayores. Sufría de acoso escolar o *bullying*. Esto siempre ha existido en mayor o menor grado. Tengo otros recuerdos de una niñez de escasez y necesidades, de sufrir mucho por jóvenes que se creían los abusadores del barrio y la escuela. Todo eso fue parte de mi vida.

Mis años como estudiante de escuela elemental (primaria), que luego continuaron de igual manera durante el periodo de intermedia (secundaria) y en la superior (preparatoria), estuvieron matizados de estos colores. El miedo, la inseguridad, la desconfianza, la autoestima pobre, complejos de inferioridad y falta de autoaceptación fueron parte de mi equipaje. Con él cargaba todos los días.

Aunque desde los siete años escuché hablar de Jesús por primera vez y me hice parte del mundo de la iglesia, lo que compartí con ustedes era mi realidad de vida. En la medida que el tiempo fue transcurriendo y creyendo que tenía menos oportunidades de aprender a superarlo, pude ir recuperando cada una de estas áreas que les mencioné. No puedo negar que mi desarrollo como líder obedece a mi incursión en el mundo de la iglesia, tanto en la niñez como en mi juventud y adultez temprana.

La combinación de las experiencias con el estudio formal fue aportando a mi formación integral hasta alcanzar todo lo que soy. Como muy bien dice mi amigo Rdo. Dr. Jorge A. Texidor Quiles: "La iglesia me hizo gente.". Este también es mi testimonio.

Víctima de acoso escolar (*bullying*)

Como he dicho, fui un niño inseguro y lleno de grandes miedos. Recuerdo una experiencia cuando me encontraba cursando segundo grado en la Escuela Elemental Zoilo Ferrero I del Barrio Playa de Guayanilla. Allí fui emboscado por unos niños de otro grupo. Era la hora del almuerzo, había llovido y la parte de atrás de mi salón estaba llena de agua y lodo. Ellos me asustaron y amenazaron con golpearme físicamente sin ninguna razón aparente. Me fueron llevando contra la dirección en que iba caminando. Mientras retrocedía de espaldas me amenazaban con darme golpes. No me había percatado que al no caminar de frente no veía hacia a donde iba. De repente, y sin esperarlo, caí al suelo lleno de agua y lodo, mal oliente. Todos comenzaron a reírse. Salieron corriendo, burlándose y satisfechos porque lograron lo que querían. Casi trago esa agua contaminada.

Me fui a mi casa. Cuando llegué le conté a mi madre que me había caído por accidente jugando con mis compañeros de clases. La vergüenza de lo que viví no me permitió decir la verdad. Esta fue mi primera experiencia en donde fui víctima del acoso escolar o *"bullying"*.

Mientras cursaba mi cuarto grado fui víctima de otro incidente de acoso escolar. Un estudiante de un grado mayor me golpeó físicamente sin razón. Simplemente, fui su víctima de ese día. Mi constitución física no era la más apropiada para aparentar resistencia y firmeza. Durante el tiempo de almuerzo me tumbó al piso, golpeó mi cabeza y cara y me haló por el pelo. Al llegar a mi casa, nuevamente conté a mi madre, que me había caído corriendo y jugando con mis compañeros de clase. Durante varios días mantuve las marcas físicas de lo que había sucedido.

Otro incidente lo viví cuando estaba en noveno grado, escuela intermedia (secundaria). Un estudiante de otro de los grupos me amenazaba y amedrentaba con golpearme físicamente por el hecho de que se sentía que yo le miraba mal. Un compañero de clase, Carlos Báez, fue quien salió en mi defensa y auxilio. Logró que nunca más fuera molestado por él. Luego me enteré de que mi amigo Carlos lo amenazó con hacerle exactamente todo lo que él decía me haría.

Mis años y experiencias narradas fueron claves para el desarrollo de mi pobre autoestima. Esos complejos y sentimientos de inferioridad me acompañaron desde el primer incidente en segundo grado. A pesar de ser un estudiante de alto aprovechamiento académico y buenas calificaciones esto no era reflejo de cómo me sentía en mi interior. No había armonía entre lo que cargaba por dentro versus cómo me veía y reflejaba por fuera, en mi mundo exterior.

Sin embargo, hoy puedo asegurar que mi vida siempre ha estado en el plan y propósito de Dios. Como primeros contactos con el cristianismo fue un encuentro no planificado a la edad de seis o siete años con una clase de catecismo católico.

La estaban ofreciendo a la orilla de la playa en donde nací y me crie (Barrio Playa de Guayanilla). Durante este tiempo mi padre volvió a enfermar, quedando incapacitado para trabajar y traer el sustento a nuestro hogar de manera permanente. Esto causó serias dificultades y problemas económicos. No obstante, en esos días se abrieron las puertas para que miembros de la Iglesia Evangélica Unida de Puerto Rico en la Playa de Guayanilla visitaran mi hogar para traer alimentos y un culto religioso. Este se convirtió en mi segundo encuentro con el cristianismo y el primero de carácter protestante.

Recuerdo de forma grata a una apreciada vecina llamada doña Estelina Medina Cales (cariñosamente conocida como doña Lina, fenecida) que me llevaba a la escuela bíblica dominical de esa iglesia. Estos fueron mis primeros pasos en el camino de Dios y del evangelio que luego seguí por cuenta propia. Mi niñez no fue una de vivir en abundancia de bienes y comodidades, pero sí una de mucha esperanza en el Señor Jesús.

Desde los siete años escuché hablar del amor de Jesús hacia mí. Soy producto de la escuela bíblica dominical. Entregué mi corazón al Señor a los trece años, en la Iglesia Evangélica Unida de Puerto Rico, Congregación Playa de Guayanilla, bajo el pastorado del Rdo. Víctor M. Gaud (fenecido). La hermana en la fe Elisa Torres de Agosto (fallecida) fue el instrumento para yo recibir a Jesús en mi corazón. Luego de una clase bíblica sentí la necesidad de recibir a Jesús Cristo y confesarlo como el Salvador de mi alma y de mi ser. En esta misma iglesia fueron mis pastores el Rdo. José Cedeño mientras era estudiante seminarista (hoy ministro jubilado) y el Rdo. Carlos Cardona (fenecido).

Creo firmemente en los ministerios con la niñez. Promuevo con fuerzas una pastoral de la niñez que le preste y dedique el tiempo necesario. Es indispensable desarrollar a través del ministerio de educación cristiana una programación de altura y calidad. Los niños de las iglesias no deben tomarse ni verse en poco. Requieren una atención de igual importancia que los demás sectores que componen la familia y el pueblo cristiano en general. Cuando pienso y recuerdo mis años de niñez en la iglesia llego a esta conclusión. Gracias a Dios por ministerios, iglesias y líderes con la visión de poder tomar en cuenta a esta población y trabajar con ella intencionalmente.

Gracias por personas como doña Lina, y como Elisa Torres, que fueron instrumentos usados por Dios para conocer a Jesús Cristo y Su amor. Esta es la razón para dedicarle este libro a las dos guerreras en la fe que fueron vitales para guiarme a lo que soy en el Señor. Además, honro, valoro y apoyo el trabajo pastoral que los pastores Gloria y Jorge Nieto, junto a su familia, realizan. Lo hacen a través del Ministerio Comedores Comunitarios Brisas de Emmanuel en Nuevo Laredo, Tamaulipas, México, desde julio de 2018. Solamente, quienes hemos sido fruto del trabajo con la niñez podemos entender tan importante trabajo.

Al pasar a la escuela superior (preparatoria) mi vida comenzó a dar otro giro. Mi relación con Dios cambió y se fortaleció. Me bauticé por inmersión a los catorce años, el 19 de septiembre de 1982, en la Playa Manglillos de Guánica, por el Rdo. Julio González Torres. Me hice miembro activo en plena comunión de la Primera Iglesia Bautista de Yauco. Considero esta mi iglesia madre porque me dio la oportunidad de crecer y desarrollarme como líder en todas las áreas posibles. Me uní a la Sociedad de Prejóvenes y posteriormente a la de Jóvenes. Conocí gente diferente y que se relacionaba con Dios de forma distinta. Esto sirvió de inspiración a mi vida y, en cierta medida marcó el inicio de un nuevo sendero luminoso para mí. Definitivamente, que lo fue.

Me llevaba hacia un estado de sentirme mejor conmigo mismo en compañía de los demás.

Mi nueva experiencia de fe me ayudó a incursionar en actividades nuevas para mí. Comencé a cantar en el ministerio musical Seguidores de Jesús. El trabajo realizado por el hermano Luis A. Marín Torres (Verthyn, Papá Marín) fue uno que marcó mi vida de manera trascendental. Como presidente de este ministerio su aportación a mi vida cristiana a lo largo de todos los treinta y siete años que nos conocemos y hemos compartido, ha sido muy significativa. Ha dejado una huella tan profunda que jamás se podrá borrar. Participé en la primera producción discográfica, en el 1983.

También participé en el Ministerio Taller de Teatro Cristiano de la iglesia, dirigido por el fenecido fundador del Festival Nacional del Café de Yauco, Prof. Freddie León Maldonado. Me convertí en ayudante de maestro de escuela bíblica y posteriormente en maestro en propiedad gracias a la Hna. Enelia Otero de Antonini (fenecida). También fui el encargado de la Sociedad de Niños Varones de la iglesia que se reunía los viernes en la noche. Todas estas experiencias de liderazgo a tan corta edad contribuyeron grandemente a superar aquellos complejos de inferioridad y pobre autoestima.

Esto logró que me olvidara de que era una persona de poco valor y sin importancia, por lo que este sentir comenzó a desaparecer. No sabía que de esta manera se abrirían nuevas puertas para mí que me conducirían a lugares inimaginables, puertas que me ayudarían a llegar a donde mi mente jamás podía pensar. Mi experiencia con Dios marcaría un nuevo comienzo para mi vida integral. Este tiempo cambiaría para siempre lo que sería la vida de Jaime Galarza Sierra. Ahora me sentía mejor conmigo y con los demás.

Comprendía que existían nuevas razones que me inspiraban a continuar y motivaban a seguir hacia adelante. Por eso es que tomo prestada de nuevo la expresión de un amigo, hermano, colega ministerial y profesional, el reverendo doctor Jorge A. Texidor Quiles: "La iglesia me hizo mucho bien. ¡La iglesia me hizo gente!". ¡Puedo decir lo mismo! Me convertí en un líder laico desde los catorce años. Recibí el amor del Padre Celestial de tal manera que mi vida cambió por completo. Durante el periodo de escuela superior (preparatoria), desde los catorce hasta los diecisiete años, pude servir a Dios en mi iglesia, creciendo y desarrollándome en muchas áreas. Continué con el mismo entusiasmo y entrega siendo estudiante universitario. Además de lo mencionado en el penúltimo párrafo, fui ujier (servidor), diácono, director de diferentes cultos y maestro de Educación Cristiana del ministerio educativo de la iglesia, la Academia Bautista de Yauco, entre otras cosas más.

Otra de las personas que con su apoyo y presencia ayudó a mi crecimiento y desarrollo ministerial desde mis catorce años hasta el presente es el Hno. Eliezer Reyes Alonso, mejor conocido como Jessie. El fue el instrumento para que mi hermano Manu conociera el plan de salvación. Jessie y yo participamos juntos en el Ministerio Musical Seguidores de Jesús y en el Taller de Teatro Cristiano. Desde entonces mantengo una relación de hermandad con toda su familia que permanece, luego de treinta y ocho años.

CAPÍTULO III

Llamamiento ministerial

"...¡Serás de bendición para muchas personas!".
Genesis 12: 2 NBV

Llamamiento pastoral

En una ocasión, siendo un adulto de veinticinco años, escuché a mi tío paterno y segundo hermano de mi padre, Rafael (Felo), tener una conversación con mi madre, doña Luz. Recordaban lo sucedido en medio de una sesión espiritista (experiencia de ritual espiritual diferente a un culto cristiano). Se llevó a cabo en la casa de mis abuelos paternos. Allí en medio de un "transe espiritual" la entidad energética habló por medio de la media unidad y le dijo a mi padre, a sus trece años: "Tendrás un hijo ilustre que irá por todo el mundo llevando un mensaje de transformación y cambios". En esa conversación mencionaban que todo parecía indicar que yo era ese hijo de los ocho que mi padre había engendrado.

Como he compartido, desde los siete años escuché hablar de Jesús y a los trece me convertí al cristianismo. Recordarán que desde los catorce me convertí en un líder laico, trabajando primeramente con la niñez de la iglesia, en la educación cristiana. Cuando fui bautizado por inmersión por mi pastor, el Rdo. Julio González Torres, me hice miembro en plena comunión de la iglesia. Así inicié mis funciones en el servicio al Señor. A la fecha de publicación de este libro han transcurrido treinta y siete años de servicio ministerial en el Reino de Dios (1982-2019).

Había sido estudiante de administración hotelera a nivel de grado asociado en la Universidad de Puerto Rico en Carolina. En el verano de 1987, meciéndome en la hamaca de la casa de mis padres, le había orado a Dios pidiéndole que, por favor, permitiera me aceptaran en la Universidad Internacional de la Florida (FIU). También, me dieran la beca de la Administración de Fomento Económico. Esto con la condición de que cuando regresara le serviría en lo que él me pidiera. ¿Qué ocurrió? Cuando terminé dicho grado me aceptaron para continuar estudios de bachillerato en la Universidad Internacional de la Florida. ¿Qué más? Fui becado por la Administración de Fomento Económico del Estado Libre Asociado de Puerto Rico.

No obstante, no pude continuar allí debido a que la admisión estaba condicionada a la aprobación de un examen de materias básicas en la cual la matemática nunca ha sido mi fuerte. En esa parte fracasé y sumido en la frustración de no haber pasado esa prueba regresé a Puerto Rico. Recuerdo la despedida que me organizó el ministerio musical Seguidores de Jesús que dirigía el Hno. Luis A. Marín Torres (Verthyn, Papá Marín). Recibí muchos regalos con amor para emprender mi nueva travesía humana, pero Dios tenía otros planes. El Hno. Evelio Rodríguez, mejor conocido como "El Colorao" me dijo: "Tu llamado es a ser pastor; así que no sé para que te vas a estudiar gerencia de hoteles".

Es entonces, cuando estando un domingo en la mañana en mi iglesia madre, la Primera Iglesia Bautista de Yauco, el Ministerio Morada de Paz, dirigido por la Hna. Rosalina Rodríguez, luego de compartir su testimonio procedió a orar por las personas en el altar. Cuando correspondió mi turno ella me puso una mano en mi cabeza y Dios comenzó a hablarme directamente a través de su boca. Las palabras, al ser alguien que no me conocía en persona, retumbaron en mi mente y corazón.

Fue la primera vez, a mis diecinueve años, cuando Dios usó un instrumento como la Hna. Rosalina Rodríguez para hablar directamente a mi vida: "Te he llamado. Ay, qué llamado grande tienes. Te he llamado para que estemos a cuenta porque yo te he cumplido y ahora te toca cumplir a ti. Me pediste que te bendijera y te diera la beca, pero nunca me pediste que las cosas te salieran bien. Me prometiste que si te aceptaban para estudiar y te daban la beca regresarías y me servirías en lo que yo te dijera. Ahora ha llegado el momento que cumplas porque no me pediste salir bien, pero yo cumplí mi parte. Surcarás los mares y veras mi gloria."

La experiencia particular y atípica de Dios usar una persona desconocida para hablarme cosas que solamente Dios y yo sabíamos fue algo que me impactó en gran manera. Es que era la primera vez que tenía una experiencia así. En medio de ese contexto y proceso fue que Dios me hizo el llamado al ministerio pastoral y evangelístico formalmente.

Aun así, estudié un curso de inglés conversacional para irme de nuevo en agosto de 1988 mejor preparado. Solicité otra vez la beca. En espera de la respuesta, un domingo en la noche la pastora de la Iglesia Bautista de Guayanilla y directora de la Academia Bautista de Yauco, María M. Ortiz de González, me hizo un acercamiento. Me invitó a ser el maestro de educación cristiana de los grados quinto a octavo y ayudante del grupo de tercer grado. Mi respuesta para ella fue: "Todo depende de una solicitud de beca que tengo en proceso. Si no me aceptan, entonces acepto el trabajo de la Academia." Esa misma semana llegó la carta de denegación de la beca y acepté la propuesta.

Fui contratado por la Academia Bautista de Yauco. Además de las funciones para las que fui seleccionado, fuera del horario de clases ofrecía servicios de tutoría. Nunca olvidaré y agradeceré que fue la pastora y directora de la escuela quien me dio esta oportunidad de trabajo profesional.

Era maestro de educación cristiana en la escuela bíblica dominical y esto me ayudó a ocupar la plaza vacante.

Los procesos siempre Dios los puede utilizar para comunicarnos un mensaje particular en un momento dado de nuestras vidas. Finalmente, aunque no con mucho agrado y total aceptación, pude interpretar que Dios tenía algo mayor y mejor para mí. No era terminar trabajando en la industria de la hospitalidad, en el campo de la hotelería (gerencia de hoteles, paradores y restaurantes).

Cuando tenía veintiún años, en junio de 1989, acepté la encomienda y designación que me hizo la Primera Iglesia Bautista de Yauco de convertirme en el pastor laico de la Misión Bautista de Magueyes, en Guánica. Ante el traslado de la pastora que la tenía a cargo, Rda. Leslie V. Hernández, a la Primera Iglesia Bautista de Caguas, me designaron allá. En 1998 se convirtió en una de las nuevas obras de las Iglesias Bautistas de Puerto Rico.

Era tanto el agradecimiento a mi iglesia que no me atreví decir que no. En mi mente pensaba que debía ir y al hacerlo mal me removerían del cargo, pero no por negarme, sino porque no tenía las competencias apropiadas para desempeñarme con éxito pastoral allí. Esa primera experiencia pastoral laical, con apenas un grado asociado de preparación académica formal y ninguna experiencia pastoral, la acepté, insisto, por el agradecimiento más que por vocación.

Mi sorpresa fue que lo que había en mi mente y mi corazón no ocurrió. Fueron grandes las experiencias de crecimiento y desarrollo ministerial que viví durante mis siete años de trabajo pastoral en Guánica. En octubre de 1989 asistí a un evento en Pasadena, California. Se llamaba "Visión 90". Diferentes líderes a cargo de nuevas obras asistimos y aquella experiencia marcó mi vida nuevamente.

Conocí a grandes líderes de nuestra denominación en Estados Unidos, con los que treinta años después guardo relaciones fraternales y de compañerismo cristiano. En medio de un culto en donde se estaba ministrando la ordenanza de la comunión (pan y vino, en nuestro caso jugo de uva) una pastora de la ciudad de Nueva York, Carmen Rodríguez, que no conocía se me acercó a orar por mí. Por medio de aquella oración Dios volvió a recordarme, literalmente, las palabras que me había hablado por medio de la Hna. Rosalina Rodríguez dos años antes. Lo que añadió a aquel mensaje fue que Dios me llamaba a rendirme por entero porque Él me seguía cumpliendo Sus promesas. "Surcarás los mares y verás mi gloria, hoy te he cumplido esta promesa de muchos viajes que harás para seguir viendo mi gloria", reafirmó. Regresé de ese evento convencido de que me tenía que rendir a Dios por completo y servirle en el ministerio pastoral, evangelístico y de la enseñanza. Aunque desde entonces he luchado de diferentes formas y maneras con el llamado de llevar a cabo la gran tarea de pastorear almas, esto marcó el comienzo de una jornada de muchos viajes a tantos y diferentes lugares para ser bendecido y bendecir a otros.

Para conocer más y mejor de aquella experiencia vivida en la hoy Iglesia Bautista Sinaí de Guánica (1989-1996), favor leer mi libro *La Transformación de mi Fe*. En él explico en detalles una experiencia significativa entre la iglesia y su pastor. Fue mi primera escuela de formación ministerial pastoral con una iglesia local. Incluyo otros detalles relacionados a mi tiempo allí. En ese libro comparto a profundidad las experiencias de mayor impacto y trascendencia ocurridas en Guánica, de las que fui parte y vividas junto al liderato y feligresía. Gracias a Dios y luego a ellos, tengo un corazón pastoral.

Primera experiencia pastoral

Mi primera experiencia, con la Iglesia Bautista Sinaí de Guánica, fue de gran enseñanza y aprendizaje. Fue un seminario viviente que marcó mi vida ministerial pastoral hasta el presente. Tengo mucho con demasiado que agradecerle a Sinaí. Todas y cada una de ellas aportaron a mi proceso de formación e identidad ministerial. Viví momentos difíciles y dolorosos, pero fueron de inmenso enriquecimiento en mi vida. No me quejo de ninguna de ellas, incluyendo la amarga y difícil experiencia de mi divorcio.

Esta separación legal permanente marcó mi corazón de tal manera que durante muchos años tuvo grandes repercusiones en mi vida y desempeño ministerial. El sentimiento de fracaso matrimonial lo arrastré por muchos años de mi vida. No me aceptaba a mí mismo ni aceptaba el hecho de ser un pastor divorciado. Esto causó que por largo tiempo me mantuviera involucrado en muchas actividades. Los compromisos eran para callar mi conciencia de culpa y vergüenza por no haber podido salvar mi matrimonio. Esto a pesar de que del año y medio que duró, durante nueve meses estuvimos en terapia. Fue entonces cuando aprendí que debía perdonarme a mí mismo. Entonces, no tenía que estar involucrado en tareas que de alguna manera me hicieran expiar mi culpa y vergüenza y para sentirme digno ante el Dios que me había llamado a ser pastor y me había delegado la gran tarea de pastorear almas.

En ocasiones cometemos el error de querer reivindicarnos o redimirnos de experiencias difíciles que hemos vivido y no logramos procesarlas del todo. La falta de consideración hacia nosotros mismos, el no portarnos bien con nosotros mismos y hacernos daño a nosotros mismos, como dice un libro que no es de mi autoría, no nos ayuda a avanzar en la dirección del propósito, la misión y el destino profético que Dios designó antes de formarnos en el vientre materno. Esto lo aprendí muchos años después de cargar con la pesada cruz de la culpa y la vergüenza de un divorcio. Soy honesto de cómo me sentía, aunque fue un rompimiento con responsabilidad compartida, puesto que en asuntos de pareja siempre son dos los protagonistas y no solamente una de las partes quien es responsable.

Mi madre espiritual fungía como ministra ejecutiva de las Iglesias Bautistas de Puerto Rico y fue quien me hizo comprender varias verdades al respecto. No somos perfectos por el hecho de ser pastores del rebaño. Las iglesias tienen que comprender que nos pueden pasar las mismas cosas que a la feligresía. Perfecto solamente es Dios y la iglesia debe vivir siempre con ese entendimiento. El hecho de que un pastor no pueda ejercer en una iglesia que no tenga la madurez para comprender estas verdades no significa que no pueda pastorear en otro lugar. Todas estas cosas sentaron las bases para luego comprender a plenitud lo planteado. Dios nos acepta, nos perdona y nos afirma, pero nosotros también tenemos que aprender a aceptarnos y perdonarnos tal como somos.

Siempre viviré agradecido por el cuidado pastoral que la Rda. Edith Yamina Apolinaris Concepción tuvo para mí. También mi siempre agradecimiento a todos los líderes que me acompañaron durante mi pastoral en Guánica. Estos son: la fundadora Rosa Torres y su familia, mi pastor asociado Fernando Soto Negrón y su familia inmediata, el Hno. Confesor (Jun) Pacheco y Olga Rodríguez; Rosario (Chary) Rosado; Ivette Ramos; Bruni y Rosa Vargas; Albert Troche; Saraí Barbosa; Leticia Seda; Luis A. Pacheco; Imelda Rosado y Roberto Torres; Ramón Pacheco; Enrique Ramos y Elizabeth Carrillo; Virgen Milly y Yolanda Pacheco y su madre Angelita, Olgui Orengo, Millín Ortiz, Manuela Ortiz, entre otras personas más relacionadas con cada una de estas familias.

Segunda experiencia pastoral

Luego de haber regresado con la Iglesia Bautista Sinaí de Guánica a su templo renuncié al pastorado de ella en junio de 1996. Decidí continuar mi ministerio pastoral de iglesia local con la Primera Iglesia Bautista de Guayama. Ha sido la más corta. Esos trece meses y medio, desde el 1 de agosto de 1996 hasta el 15 de septiembre de 1997, también marcaron mi vida ministerial de manera especial. Hoy siento la satisfacción de haber servido a Dios con gran devoción en esa comunidad de fe.

Ciertamente, mi corazón pastoral fue trabajado y moldeado con esos hermanos. Los logros alcanzados y dejados en Guayama todavía perduran en este pueblo. Fue un tiempo de una gran cosecha, victorias y alcances que forman parte de mi trabajo ministerial en estos treinta años (1989-2019).

Sin embargo, acepto que por una profunda crisis vocacional y un desorden de estrés traumático posterior (*post traumatic stress desorder*) no manejado adecuadamente, no pude seguir sirviendo como pastor en esta segunda iglesia. Recuerdo con grato y profundo amor un liderato de excelencia que me apoyó en lo personal y ministerial. Ese grupo de líderes que creyó en mí y en mi ministerio pastoral siempre me ofreció todas las opciones posibles para continuar mi trabajo allí. Sin embargo, mi fragilidad y vulnerabilidad humana en ese momento no me lo permitieron. Reconozco a estos hermanos y a muchos más, que, aunque permanecen en el anonimato, Dios sabe quiénes son y sabrá recompensarlos.

Una pastoral breve que me permitió bendecir a tantas familias, tanto de la iglesia como de la comunidad. Tuve experiencias que jamás olvidaré y han enriquecido mi experiencia de treinta años. Aprendí mucho y desarrollé relaciones fraternales de amor sincero no fingido que todavía perduran. Muchas de las personas ya no viven en Puerto Rico y otras, luego de veintitrés años que han pasado (1996-2019), moran en la eternidad. A los que sobreviven, desde donde se encuentran, mantenemos lazos de relaciones sinceras y honestas, llenas de amor. Este pueblo fue una gran puerta que luego se volvió a abrir cuando la Policía de Puerto Rico, Región de Guayama, me permitió dirigir la Oficina de Capellanía Evangélica desde 2004 hasta 2012. También la Universidad Interamericana de Puerto Rico, Recinto de Guayama, me contrató para trabajar como profesor a jornada completa desde 2005 a 2012. Tiempo memorable que me permitió aprender mucho y expandirme en el servicio comunitario.

Gracias a esos líderes probados y hermanos en la fe que trabajaron mano a mano conmigo. Vivo eternamente agradecido de ellos. Menciono, entre los tantos, a los siguientes: Julio Graciani; Marta y Milton Echandy; Milagros González; Madeline Morales y Antonio Lozada; Oliva Merced; Noelia Rodríguez; María Gómez; Silvia Figueroa de Millín, Carlos Millín y su hija Silvia Nativevette Millín; Angie de León; Andrea y Víctor Montes; Fe Rivera y su esposo Modesto Ortiz; Tony Centeno; Eliacim Miranda; Yesenia

Montes; Luisa Rodríguez; Miguel Rivera; Nora. H. Ortiz y su esposo Luis R. Pomales; Julio Enríquez y su esposa Hilda; Dionisio, Paula, Aimée y Dionel Cádiz; Ramón R. Pomales, su esposa Nilda, Ramón Jr., Vanessa y Angie Pomales; Juan Pablo Vives Pérez; Gloria Pérez; Zulma López; Carmen Figueroa y su esposo Juan Carlos Rivera; Luis Mercado; Ana H. Berríos; Luisa y Manuel Soto; Pastora Nilma Yolanda Agosto, entre otros. Gracias por amarme y bendecirme tanto.

Tercera experiencia pastoral

El 15 de septiembre de 1999 inicié mi tercera experiencia pastoral, en la Tercera Iglesia Bautista de Ponce. Una vez más Dios me devuelve al ministerio de iglesia local, luego de haber estado fuera de este tipo de pastoral, desde septiembre de 1997 a septiembre de 1999. Ponce 3 es una congregación que me amó desde que me conoció a los diecinueve años.

Siendo el presidente de la Unión de Jóvenes Bautistas de Puerto Rico, Distrito Sur, nos reunimos para compartir con el Ministerio de la Juventud de la Tercera. Para entonces, pastoreaba el Rdo. Evaldo C. Roura. En esos años este ministerio era uno numeroso y bendecido. Fue un sábado en la noche cuando hicimos la actividad junto a otras sociedades de jóvenes del Distrito Sur. Me correspondía dar una reflexión como parte de la experiencia. Jamás pasó por mi mente que al pararme en ese altar y predicar en esa ocasión mis pies quedarían sellados por Dios para convertirme en su pastor doce años después.

Era una iglesia que había nacido cuando yo apenas tenía diez años de edad, en noviembre de 1977. Ciertamente, los planes del Señor son soberanos y eternos. Dios tiene siempre todo el control.

Pasados esos doce años, y luego de haberle dicho al Señor que sí de nuevo en la tarea pastoral de iglesia local, le pedí me permitiera recibir en tres meses el llamado de la congregación correcta. El Hno. Carlos William Filippetti Pérez se comunicó conmigo por vía telefónica para invitarme a predicar los domingos 4 y 11 de julio de 1999. Esos días Dios volvió a confirmar que mis pies habían sido sellados para ser el pastor de esta iglesia. Era pequeña en cantidad de personas y con limitaciones económicas. Recuerdo, como si fuera hoy, mi momento de oración con Dios y la voz del Espíritu Santo decirme: "Mi siervo, puedes ir de pastor a donde tú quieras, pero yo prefiero que vayas a Ponce 3 por obediencia". Decidí obedecer, de lo que no me arrepiento para nada. En ese año fue la mejor decisión tomada.

Al iniciar mi tarea pastoral allí, el 15 de septiembre de 1999, tenía dos grados asociados, un bachillerato y dos grados de maestría, además, diez años de experiencia pastoral de iglesia local. La Tercera Iglesia Bautista de Ponce me abriría demasiadas y grandes puertas. Algunas desconocidas y diferentes, otras conocidas y tantas más de nuevas oportunidades para seguir creciendo y aprendiendo. Son muchas las cosas que atesoro de la pastoral con Ponce 3. Lo único que ha hecho es amarme y apoyarme, sostenerme, acompañarme, ayudarme a crecer, madurar y alcanzar la plenitud de un corazón pastoral conforme al deseo del Señor para mi vida. Esta fue mi primera jornada como pastor con ellos, que culminó el 31 de diciembre de 2008. Grandes logros alcanzamos juntos para la expansión del reino de Dios y de la iglesia misma.

Es interesante recordar que la Tercera Iglesia Bautista de Ponce fue mi tercera experiencia pastoral de iglesia local. Otro dato es que dentro de ella he tenido tres experiencias de llamamiento como pastor a mencionar:

el periodo del que acabo de describir: 15 de septiembre de 1999 hasta el 31 de diciembre de 2008.

el segundo llamado hasta que inició mi proceso legal: 1 de septiembre de 2012 hasta el 26 de marzo de 2015.

al culminar el caso legal hasta que comencé otra pastoral: 6 de septiembre de 2015 hasta el 30 de septiembre de 2019.

Aunque he estado fuera del ejercicio de la pastoral de iglesia local por diferentes razones, puedo afirmar sin temor a equivocarme, que nunca he salido del corazón de ella por los pasados veinte años (1999-2019) y treinta y dos de habernos conocido. Creo, también, que nunca saldré de su corazón. Sé que el amor y apoyo ministerial hacia mí como persona y mi ministerio serán hasta que el Señor nos venga a buscar como iglesia o nos llame a Su presencia.

Además, durante mis más de veinte años vinculado con la Tercera Iglesia Bautista de Ponce, tuve mis mayores avances y logros a nivel personal, ministerial y profesional. Durante este tiempo completé mis dos grados doctorales, construí mi vivienda, tuve la mayor expansión personal y ministerial. Por todo esto y más mi eterna gratitud a Ponce 3. Una iglesia que se creció en la adversidad junto a su liderato pastoral en una gran enseñanza al mundo sobre lo que es el verdadero amor y solidaridad con una persona en necesidad.

Contra viento y marea luchaste y enfrentaste todo tipo de gigantes que quisieron destruirte y callarte la boca para que salieras corriendo llena de miedo e inseguridad. Demostraste de qué estabas también hecha y que tu madurez espiritual no era ni de plastilina ni de cartón, sino de oro del más alto kilataje probado por fuego. Muchas personas son las que nos quitamos el sombrero ante ti por lo que demostraste en el momento de mayor prueba y necesidad.

CAPÍTULO IV

Tiempo de prosperidad

"En efecto, nosotros somos colaboradores al servicio de Dios..."
I Corintios 3: 9ª NVI

Pastoral social comunitaria misionera sin fronteras

Ha sido sumamente importante este recuento para facilitar un mejor entendimiento de mi nuevo proceso. De 2005 hasta 2012 pasaron muchas cosas en mi vida personal y ministerial. En el ámbito profesional también tuve eventos significativos de expansión. Me parece necesario reseñarlos para poder comprender mejor lo que me sucedió.

Durante este tiempo pude viajar a diferentes países y estados de la Unión Americana como evangelista, educador, consejero, consultor y exponente de la Palabra. En lo profesional, me desarrollé como académico, ocupando posiciones de liderazgo con la Universidad Interamericana de Puerto Rico. Participé como coordinador del Programa de Religión en el Recinto de Guayama, miembro del Senado Académico, Director Departamental Interino, Decano Académico Interino por tres sesiones de verano, presidente de varios comités de trabajo institucional y del recinto.

En 2011 me convertí en el fundador, presidente y *CEO* de ACADE, Inc. (Academia de Desarrollo Profesional Integral). Es una corporación sin fines de lucro. También conocida como una organización no gubernamental (ONG), cuya misión principal es la de brindar servicios psicoeducativos. A esta corporación le creamos subdivisiones. Sus diferentes escuelas profesionales y oficina de servicios de consejería son las siguientes:

ESCONSE (Escuela de Consejería Profesional Certificada "Jabes-Manasés")

Por medio de esta capacitamos personas en el campo de la consejería de primer orden y/o primer nivel que brinda la primera respuesta en caso de una crisis familiar. Es el equivalente a un técnico de emergencias médicas o paramédico. En inglés se le llama a este tipo de consejero un *first responder*. Es contratado por FEMA (*Federal Emergency Managament Administration*) o Agencia Federal para el Manejo de Emergencias, también, por la Cruz Roja Americana o *American Red Cross*.

ELIET (Escuela de Liderazgo Espiritual Transformativo)

En ella se capacitan líderes en las áreas de la mayordomía integral del servicio cristiano. El objetivo de esta escuela es que ellos aprendan a manejar adecuadamente lo que son, lo que hacen y lo que tienen para implantarlo en las diferentes áreas de servicio en el ministerio eclesiástico.

ESCUDE (Escuela de Administración Eclesiástica)

Esta escuela es para capacitar personas en la sana administración de los recursos que la iglesia o los ministerios cristianos tienen. Aquí nos enfocamos en las "cuatro p" de la administración eclesiástica: Personas, Presentes (que son los dones), Propiedades y Presupuesto. De esta manera afirmamos la importancia de establecer sistemas de controles saludables.

ESCUME (Escuela de Ministerios Especializados)

Capacitamos personas en áreas especializadas del ministerio como puede ser la educación cristiana transformadora, la capellanía institucional y comunitaria, la evangelización y el trabajo misionero.

IFDECH (Instituto para la Formación y Desarrollo del Carácter Holístico) Aquí brindamos servicios de consejería pastoral, psicoterapia pastoral clínica con énfasis en la neurociencia espiritual y la psicoespiritualidad para toda la familia. Ofrecemos servicios de capellanía institucional para responder a una pastoral de salud y terapias grupales. También, sesiones de hipnosis clínica terapéutica con el uso de medicinas homeopáticas para superar eventos traumáticos y empoderarse de tales experiencias.

Las escuelas nos permiten desarrollar diferentes tipos de experiencias de capacitación dirigidas a líderes eclesiásticos con diversos criterios y necesidades. Estas oportunidades me brindaron mayor exposición en Puerto Rico, Estados Unidos y Latinoamérica. De 2011 a 2014 fue el tiempo de gran expansión de estos proyectos en esos países. Dios me permitió trabajar con iglesias y ministerios a otro nivel. Esto lo pude unir a mi experiencia como comunicador social de radio, televisión y de redes sociales.

En junio de 2011, luego de haber sufrido un accidente de auto, tuve que ser intervenido quirúrgicamente. Fui sometido a una cirugía de espalda baja, específicamente, en las lumbares L4 y L5 y en el sacro S1. Allí colocaron cinco tornillos, dos varillas y dos cajas de titanio empañetadas con hueso mineral. Esto causó que tuviera que pedir una licencia sin sueldo de mis labores docentes en el Recinto de Guayama de la Universidad Interamericana de Puerto Rico. Desde marzo de 2012 hasta agosto de 2013 estuve fuera del salón de clases.

No fue un proceso rápido. Primero solicité licencia por enfermedad, desde marzo a agosto de 2012, para realizarme la cirugía. Luego fue una sin sueldo, de agosto a diciembre. Durante ese tiempo me dediqué a desarrollar mis proyectos personales bajo la corporación sin fines de lucro que ofrece servicios psicoeducativos. Esto no confligía con mis funciones y contratos profesionales con la universidad al no devengar ingreso alguno debido a la licencia sin sueldo de la universidad.

Otra cosa que ocurrió durante el término de agosto a diciembre de 2012 fue que el 1 de septiembre de 2012 regresé a la tarea como pastor de iglesia local. Esto, después de haber estado ejerciendo una pastoral social comunitaria misionera sin fronteras fuera de las cuatro paredes del templo. La decisión de volver a pastorear dentro del contexto anterior fue una difícil e insegura. Especialmente, porque a donde Dios me devolvería no era simplemente a esa labor específica, sino que también a la misma iglesia que había dejado en 2008.

Por encima de todos los obstáculos y las murallas que se levantaron para impedir que regresara a la voluntad soberana del que llama, se cumplió mi regreso como pastor de la Tercera Iglesia Bautista de Ponce por segunda vez. Este llamado era más fuerte que cualquier otra cosa. Aun cuando no entendía del todo lo que representaría lo acepté a tiempo parcial. De esta manera podría realizar la tarea pastoral de manera bivocacional, también conocida como vocación paralela. Esto significa que mientras se trabaja en otro tipo de empleo se puede realizar la labor de pastor de iglesia local.

El 1 de enero de 2013 mi padre falleció. Solicité una extensión a la licencia sin sueldo de la universidad para el término de enero a mayo de ese año. Durante este tiempo continué mis proyectos personales y seguí como comunicador social de radio en Fidelity Nocturno con Laura Rosado y otros espacios, como en NotiUno 630 AM.

En julio de 2013 inicié otra etapa en mi vida profesional. Esa vez en la televisión. Allí nació 365 cartas en la noche y Aliento de Vida con el Dr. Jaime Galarza. En 365 cartas en la noche se compartía una carta de algún televidente. Nos presentaba una situación y se le respondía con una solución. La consejera y pastora Glenda Raquel Pérez y este servidor éramos los conductores de dicho programa. Teníamos otras secciones; al integrarse totalizaban la hora de programación. Se presentó inicialmente en Punto 2 de Telemundo, luego en América Tv y finalmente en CDM Internacional.

Al cumplirse el término de la última licencia sin sueldo presenté mi renuncia como profesor a jornada completa y estatus de empleado regular (no probatorio) con rango de catedrático auxiliar en el sistema universitario. Solicité la condonación de la deuda por los estudios doctorales becados por la universidad, lo cual me fue concedido.

Todo esto me condujo, en cierta manera, a estar aferrado a las otras tareas que realizaba en el momento en que se da el llamado pastoral por segunda vez a Ponce 3. También vivía aferrado a todo lo que había alcanzado en mi vida hasta ese momento. Para entonces, como les compartí, además de la licencia sin sueldo de la Universidad Interamericana de Puerto Rico, Recinto de Guayama, mantenía un espacio radial. También, trabajaba en la práctica privada en el campo de la consejería; tenía grupos de capacitación en consejería familiar Teoterapéutica. Además, predicaba y ministraba en Puerto Rico, Estados Unidos y Latinoamérica. Ofrecía conferencias, talleres y seminarios para diferentes instituciones.

Acepté mi llamado pastoral condicionado a que pudiera continuar haciendo estas diferentes tareas. La iglesia y su liderato lo aceptó para poder generar otros ingresos. En todo esto me sentía que era un colaborador de Dios en la expansión de Su reino aquí en la tierra y que era un instrumento de bendición.

Como había mencionado, mi niñez fue una pobre y de grandes carencias materiales y económicas. Mi padre enfermo no podía trabajar para traer el sustento a la familia. Esta tercera oportunidad de mi padre tener un hogar le permitió tratar de esforzarse y luchar. No obstante, sus condiciones de salud física que traía desde Estados Unidos solo le permitieron trabajar muy pocos años en diferentes fábricas de Puerto Rico. Finalmente lo pensionaron por incapacidad por la Administración del Seguro Social. En mi niñez tenía uno o dos pantalones, dos camisas y un par de zapatos para todo el año escolar. Mis comidas eran siempre arroz, habichuelas y algún complemento. A veces eran salchichas guisadas, jamonilla, atún, *corned beef,* revoltillo de huevo con bacalao. En alguna ocasión, pollo, chuletas o bistec y productos del mar. Estos platillos o menús para los miembros de una familia en esa época no resultaban, tal vez, los más suculentos. Eso sí, nunca me acosté sin comer o con hambre. Siempre hubo con qué mitigarla. Doy gracias a Dios por eso. Esto se hacía aun cuando mis padres se abstuvieran de comer. Seguramente decían que no deseaban cuando en realidad era que no daba para que ellos también pudieran saciar su hambre en la proporción suficiente.

La realidad económica familiar no impidió que todos en mi casa estudiáramos y nos convertimos en profesionales. Somos primera generación de universitarios y en mi caso, me convertí en el "Jabes" de la familia. Tuve el gran privilegio de alcanzar la escolaridad más alta de todos mis hermanos. Tengo siete grados académicos (dos grados asociados, un bachillerato, dos maestrías y dos doctorales). También, he tenido el privilegio de viajar fuera del país a varios estados de Estados Unidos, República Dominicana, Santa Cruz-Islas Vírgenes, México, Panamá, Perú, Costa Rica, Argentina, Uruguay y Cuba. Tengo una casa en concreto, de dos pisos con cinco dormitorios, tres servicios sanitarios y piscina, en un lote de terrenos de 4, 632 metros cuadrados (1.17 cuerdas de terreno). Ha sido un privilegio haber logrado muchas cosas que nunca imaginé.

Comparto estos detalles no con el ánimo y la intención de vanagloriarme. Es porque reflexiono sobre todo esto y quiero que comprendas sobre lo que seguiré contando. Entonces, descubrí que el hecho de haber logrado, realizado y tenido tantas cosas, luego de haber nacido y ser criado pobre, contribuyeron al desenfoque que tuve de la vida. Olvidé mi primer llamado y vocación ministerial, que era el ser pastor de iglesia local. Me enfoque en hacer dinero y mantener los logros alcanzados como trofeos de gloria que llenaban los espacios vacíos. Eso ayudó en gran parte a perder el enfoque que sufrí. Compartiré en detalles lo que esto significó y hasta dónde me condujo en mi peregrinaje de vida.

Diciembre de cada año es muy significativo. Es el mes que la cristiandad en todo el mundo celebra el cumpleaños de Jesús, el Hijo del Dios Altísimo. En él también celebramos el cumpleaños de mi padre. Algo adicional ocurrió en 2012. El 31 de diciembre Papi enfermó y el 1 de enero de 2013 falleció. No por este suceso diciembre se convirtió en un mes del que no quiera saber más. Él era una persona alegre y lo menos que hubiera deseado es lo recordemos con tristeza. Por lo tanto, diciembre sigue siendo parte de una época del año que me trae mucha alegría y deseos de celebrar.

En otro particular, el domingo, 21 de diciembre de 2014, celebramos nuestro tradicional almuerzo de Navidad. El pastor Rafael Pérez, del Pabellón de la Victoria en Hormigueros, predicó. Su sermón fue basado en el personaje de Job. El tema principal era que nada puede acontecer en tu vida sin que Dios dé el permiso. Cuando Él quiere enseñarte algo, entonces lo permite para glorificarse. Jamás pensé que durante ese mensaje el Señor estaba preparándome para lo que sucedería unos meses después. En la iglesia, la Tercera Iglesia Bautista de Ponce, celebramos la despedida de año el 31 de diciembre. Esa noche hice una declaración de lo que sería el 2015. "Año de nuevas puertas" sería el tema de ese año. Lo expresé sin imaginarme todo lo que eso significaría.

El domingo, 25 de enero de 2015, durante la celebración del culto de adoración tuvimos una experiencia sobrenatural en nuestra iglesia. La presencia de Dios, literalmente, inundó el templo de una manera muy especial. La gloria del Señor llenó el santuario durante los momentos de adoración, mientras cantábamos y alabábamos. Ese día ocurrió algo extraordinario. Dentro de todo lo que sucedió en el culto, puedo reseñar un momento donde dos niños compartieron lo que ellos llamaron sus pesadillas. Jorge Emanuel González y Saúl Kediel Báez no tuvieron pesadillas. Fueron sueños donde claramente Dios nos estaba avisando de la importancia de prepararnos ante un gran ataque del enemigo de las almas. Un llamado a la oración y a la unidad en amor y a cuidarnos en todo tiempo fue la esencia de este mensaje dado a ellos. Las lecturas que el hermano Carlos Luccioni usó durante la dirección del culto lo confirmaban. Se estaba declarando una gran guerra espiritual y como iglesia teníamos que estar apercibidos y preparados.

Durante la apertura de nuestro aniversario treinta y cinco como iglesia incorporada, el Señor volvió a hablarle a su pueblo, en especial a mí como su líder pastoral. El predicador y cantante de esa mañana del domingo, 15 de febrero de 2015, fue el hermano Silvestre Uffre. Dentro de todo el mensaje cantado y predicado nos habló de la vida de Job. En un momento dado se dirigió a mí y me habló de parte del Señor. Me dijo: "Mi siervo, así te dice el Señor, si te quitare mi cerco, ¿cómo quiera me amarías?". Fueron tres veces las que el Señor me hizo la misma pregunta. Dentro de mi ser la respuesta fue exactamente igual: "¡Señor, nunca dejaré de amarte!". Al final de esta intervención, el hermano Uffre me dijo de parte de Dios: "Porque, mi siervo, yo te voy a quitar mi cerco". Públicamente, y frente a toda mi iglesia, Dios me estaba anunciando lo que venía. No obstante, yo no pensaba que sería tan pronto. Esa semana de aniversario fue una de grandes bendiciones.

Mi madre espiritual, la Rda. Edith Yamina Apolinaris Concepción, cerró esa semana de celebración con un mensaje de confrontación a toda la iglesia, pero al mismo tiempo de reto. Predicó sobre la iglesia de Laodicea, basado en el mensaje a las siete iglesias del *Apocalipsis*. El tema central fue "Es mejor ser frío que tibio. Porque los tibios serán vomitados de la boca del Señor". La tibieza espiritual se representa en la falta de compromiso, entrega, servicio, amor fraternal cristiano, el cual no puede ser fingido. Se refleja en acciones contrarias a la Palabra de Dios y en contra de la unidad de la iglesia como Cuerpo de Cristo. Dios mismo preparando a su pueblo para lo que vendría.

Interesante fue, que el primer domingo de marzo de 2015, al terminar el culto de esa mañana y el tiempo de ministración, le dije a la iglesia: "Mientras haya amor en esta casa estaré con ustedes. El día que falte el amor en esta casa ya no podré seguir con ustedes. El amor de esta casa será lo que me mantenga en medio de ustedes como pastor. Mientras haya amor en esta casa lo habrá todo. ¡Según Dios nos ama nos tenemos que amar los unos a los otros!".

El viernes, 13 de marzo de 2015, dentro del culto que celebramos, hice una dinámica con un billete de veinte dólares. Saqué uno de mi cartera, lo doblé, lo estrujé, lo tiré al suelo, lo pisoteé y luego le pregunté a la iglesia si alguien lo quería. La gente se negó a aceptarlo en esas condiciones. Contrario al principio, cuando no lo había maltratado, lo ofrecí y muchos lo querían. La enseñanza o moraleja es que no importa lo que le hagamos al billete, incluso si lo escupimos o manchamos, no perderá su valor y poder adquisitivo. De la misma manera, aun con las situaciones que hayamos pasado en nuestras vidas nunca perdemos el valor ante la presencia del Señor.

Jamás hubiera pasado por mi mente que esta dinámica pudiera estar de alguna manera anticipando lo que sucedería el próximo viernes, 20 de marzo de 2015. Dios es omnisciente, Él lo sabe todo. Él tiene conocimiento antes y después de todas las cosas.

Ayuno de Ester

En febrero de 2015 iniciamos el curso de Liderazgo Espiritual Transformativo con los pastores Nory y Henry Báez, en la Iglesia Roca Fuerte de San Germán. Una de las noches, la pastora Nory Blancovich me preguntó sobre el Ayuno de Ester. En el momento no le pude responder. Me di a la tarea de buscar información y leer sobre las razones que tuvo la reina para convocarlo. Cuando todo el pueblo judío estuvo amenazado de muerte inminente les pidió no se comiera ni se bebiera por tres días y tres noches. Preparada con esa estrategia espiritual se presentaría ante el rey y así poder librar a su gente de tal peligro.

Luego de compartir con la pastora Nory Blancovich esta información, el lunes, 8 de marzo de 2015, Dios me inquietó a que predicara en dos cultos sobre ese ayuno y convocara a mi iglesia a entrar en esta experiencia a nivel congregacional. El 15 y 18 prediqué y convoqué al pueblo a participar del mismo. Les dije que Dios me había inquietado a hacerlo porque estábamos bajo una inminente amenaza de muerte espiritual. Yo no sabía el alcance de esta, pero Dios sí. Durante esos dos días pudimos reclutar a los valientes que se unirían a mí en este esfuerzo. El pueblo se comprometió. Lo validó al firmar el compromiso en un cartapacio.

Los días pautados para hacerlo serían desde el miércoles 25, a las 6:00 AM, hasta el sábado 28, a las 6:00 AM. Como parte de la experiencia tendríamos una vigilia de doce horas que comenzaría a las 6:00 PM del viernes 27 hasta el sábado 28. Allí se entregaría el ayuno. Esta preparación espiritual no se hizo por lo que sucedió el viernes, 20 de marzo de 2015. De antemano Dios mismo se había encargado de preparar al pueblo para esos sucesos que ocurrieron después de la planificación del Ayuno de Ester, de los que hablaremos en el siguiente capítulo.

CAPÍTULO V

Cuando la crisis llega

"Antes del quebrantamiento es la soberbia; y antes de la caída, la altivez de espíritu." *Proverbios 16: 18 JBS*

Caso legal del 20 de marzo de 2015

Inicio compartiendo lo que el famoso Albert Einstein tenía como entendimiento sobre el tema de la crisis. Decía: *No pretendamos que las cosas cambien, si siempre hacemos lo mismo. La crisis es la mejor BENDICIÓN que puede sucederles a personas y países, porque la crisis trae progresos. La creatividad nace de la angustia como el día nace de la noche oscura. Es en la crisis que nace la inventiva, los descubrimientos y las grandes estrategias. Quien supera la crisis se supera a sí mismo sin quedar superado. Quien atribuye a la crisis sus fracasos y penurias, violenta su propio talento y respeta más a los problemas que a las soluciones. No pretendamos que las cosas cambien, si siempre hacemos lo mismo. La verdadera crisis es la crisis de la incompetencia. El inconveniente de las personas y los países es la pereza para encontrar las salidas y las soluciones. Sin crisis no hay desafíos, sin desafíos la vida es una rutina, una lenta agonía. Sin crisis no hay méritos. Es en la crisis donde aflora lo mejor de cada uno, porque sin crisis todo viento es caricia. Hablar de crisis es promoverla, y callar en la crisis es exaltar el conformismo. En vez de esto trabajemos duro. Acabemos de una vez con la única crisis amenazadora, que es la tragedia de no querer luchar por superarla.*

Las palabras de este hombre de la historia tan famoso me llevan a compartir lo próximo. Cuando la crisis llega, no llega sola, Dios llega también con ella y todo lo que esta trae. Aunque más bien, el Señor siempre está presente, no importando las situaciones que tengamos que enfrentar. Él nunca nos deja ni nos dejará solos ni abandonados. Ese fue el mensaje que me envió la pastora Glenda Raquel Pérez (ver su comentario del porqué me apoyó durante mi proceso, al final del libro). Ella es pastora del Pabellón de la Victoria en Hormigueros. Esta es una gran verdad que no podemos pasar por alto. Ciertamente, las crisis son ocasiones de peligro, pero a la vez son oportunidades, posibilidades de cambio, puertas que se abren para ver a Dios obrar, ver milagros de manera especial y diferente.

No hay crisis que puedan condicionar la presencia de Dios en nuestras vidas y en medio de nuestras circunstancias. Ni siquiera el desorden, el vacío y las tinieblas que cubrían la faz del abismo, según el relato de *Génesis* capítulo 1, versículos 1 y 2, condicionaron la presencia del Espíritu Santo. Porque es que nada la puede condicionar. Por eso la crisis dura lo que uno quiere que dure. Lo aprendí de mi profesor, el Rdo. Isaías Narváez Santos, a través de sus diferentes enseñanzas sobre este tema en la Biblia. No podemos permitir que ellas nos desenfoquen del propósito de Dios en nuestras vidas. Al contrario, debemos aprovechar cada momento para descubrir el propósito por el cual en ocasiones pasamos esos procesos. Nimsy López canta una hermosa página musical que tiene este tema. "Proceso" es el título. Este tiempo es lo que Dios usa con diferentes propósitos y nos corresponde descubrir sus valiosas enseñanzas. Está incluido en el programa especial de televisión La justicia y la verdad triunfan. Lo puedes ver en mi canal de YouTube®, Pastor Jaime Galarza Tv.

Fue el jueves, 19 de marzo de 2015, que terminé de cumplir con todos los requisitos para entregar las planillas corporativas y personales, según el Departamento de

Hacienda del Estado Libre Asociado de Puerto Rico. También cumplí con las patentes municipales del Municipio de Guayanilla. Porque es allí en donde resido y está la dirección de la corporación sin fines de lucro que presido, ACADE, Inc. (Academia de Desarrollo Profesional Integral). Luego de haber estado en mi oficina de servicios en las facilidades de la iglesia que pastoreaba, Tercera Iglesia Bautista de Ponce, salí a predicar a una iglesia pentecostal en Canóvanas. Ponce 3 está ubicada en la Urbanización Jardines del Caribe, Primera Sección, Avenida Principal Este, en Ponce, Puerto Rico. Esto es entre la Avenida Las Américas Final y la Calle Villa Final.

Después de salir de la iglesia de Canóvanas (el culto fue transmitido por Internet) regresé a Ponce con la intención de buscar las planillas y patentes para pagar al otro día en el Municipio de Guayanilla. Se me habían quedado en mi oficina cuando salí para predicar esa tarde. De regreso me detuve para descansar brevemente en un área de descanso llamado "Monumento al Jíbaro Puertorriqueño" en Cayey, Puerto Rico. Debido a que me estaba quedando dormido mientras manejaba, descansé un breve tiempo para luego continuar la travesía. Eso es algo que me ocurre con frecuencia, ya que el cansancio hace que me quede dormido con los ojos abiertos mientras estoy manejando.

Llegué a Ponce cerca de la medianoche y transitaba por la Avenida Las Américas en dirección de este a oeste. Me había salido de la Autopista Luis A. Ferré, por donde está el Tribunal Superior de Ponce. Luego de pasar el Hospital Doctor Pila y cruzar el semáforo de la Avenida Hostos, lo próximo que se encuentra es el Museo de Arte de Ponce y la Pontificia Universidad Católica de Puerto Rico. Esa fui mi ruta.

En ese trayecto iba con los cristales de mi guagua abajo y un vehículo se me acercó. Entendí que la persona me llama "doctor o pastor", aunque luego resultó ser "señor". Sus palabras fueron: "Dame dinero para comer y leche". Le respondí con otra pregunta: "¿Tú me conoces?". La persona volvió a decirme: "Dame dinero para comer y leche. ¡Vente, vente, que yo te explico!". Pensé en un padre que, teniendo necesidad de darle de comer a sus hijos, me hace tal solicitud.

La iglesia que pastoreaba tiene un centro de servicios sociocomunitarios, ha estado involucrada en ayudas directas de impacto comunitario. En lo personal, soy consejero terapéutico en adicciones y he participado en programas de servicios como Hogar Crea, en calidad de consejero espiritual. También he colaborado con Amor que Sana, que dirige el Dr. Juan Panelli, y era miembro de la Junta de Directores de la Coalición de Coaliciones Pro-Personas sin Hogar, bajo la dirección ejecutiva del señor Francisco Javier Rodríguez. De hecho, tanto al doctor Panelli como al señor Rodríguez los entrevisté para mis programas de televisión que mantenía en ese entonces. Eran Aliento de Vida y 365 cartas en la noche. Ambos también están disponibles en mi canal de YouTube®, Pastor Jaime Galarza Tv. Para mí no es nada extraño y ajeno a mis funciones pastorales servir a las personas necesitadas. De modo que, no me resultó nada fuera de lo común lo que estaba viviendo.

Le seguí, como me dijo, y al doblar en el semáforo de la Avenida Muñoz Rivera hacia la derecha, en dirección a un negocio de comida rápida muy conocido en Ponce, *Tastee Freez*, al detenerse también me detuve. De inmediato salió una patrulla encubierta con agentes de la policía en ropa civil, no uniformados, que me indicaron que me bajara del vehículo porque eso era un arresto. Saqué mi identificación como capellán capitán de la Policía de Puerto Rico y me identifiqué como tal. Me pidieron que esperara un momento y me mantuve dentro de mi vehículo. Luego de unos minutos, en los que estuvieron consultando y llamando por teléfono, se acercaron a mi guagua nuevamente y me dijeron que me moviera al cuartel que está al lado de la Comandancia de Ponce para efectos de protocolo y luego me podía ir.

Eso fue lo que exactamente hice. Me dirigí solo al Cuartel de Drogas, al lado de la Comandancia de Ponce. Al bajarme de mi vehículo el Agte. Alvin Montes Cintrón (alias Vinillo) me pidió mi identificación como capellán capitán de la Policía de Puerto Rico. Una vez entrado al edificio me pidieron fuera a un cuarto, al que luego llegaron otros agentes de la policía. Me leyeron mis derechos (en este momento por primera vez porque en la intervención no lo hicieron) y me acusaron del delito de indemnidad personal, mejor conocido como prostitución. Me entregaron una citación para el 30 de marzo y me hicieron firmar los documentos correspondientes.

En ese momento el impacto emocional de lo que estaba escuchando y viviendo me dejó atónito y perplejo. Me pidieron esperara por instrucciones y luego me dirigieron a otro cuarto, con la sargento Maribel Feliciano. Ella me dijo lo siguiente: "Capellán, si en el pasado hemos ayudado a otras personas, ¿cómo no lo vamos a ayudar a usted, que es de la agencia? Espere una llamadita nuestra en esta semana para que le digamos si tiene o no que presentarse". No entendí sus palabras. Luego de finalizado el protocolo me dijeron que podía irme a mi casa, que todo estaría bien, que quedaría en estricta confidencialidad y no tenía nada de qué preocuparme.

Nunca vi a otras personas intervenidas o arrestadas de las supuestas once que arrestaron esa noche. Para mi sorpresa, a las cinco de la mañana ya yo estaba siendo noticia en las redes sociales, radio y prensa escrita con este titular noticioso:

Capellán, pastor, doctor y profesor universitario ofrece $20.00 a cambio de favores sexuales a un agente encubierto de la Policía de Puerto Rico.

Ni siquiera podía pensar que el suceso ocurrido fuera a desencadenarse de tal manera. En ningún momento fui arrestado, esposado ni conducido en una patrulla encubierta al cuartel de la policía. Solamente fui intervenido por este grupo de agentes encubiertos. Más adelante conocerán todo lo que en realidad estaba detrás de lo que me sucedió.

Todo ocurrió en el Cuartel de Drogas, al lado de la comandancia. En medio de mi confusión por lo sucedido, a tan solo cuatro semáforos de mis oficinas e iglesia que pastoreaba, no podía creer que era acusado del delito de prostitución a cambio de ofrecer $20.00 a un agente encubierto del orden público. Toda una carrera profesional, experiencia de servicio y años de ministerio se vinieron abajo en un abrir y cerrar de ojos. Una experiencia confusa y sin entenderla del todo en aquel momento, desencadenó en mi despido de la Universidad Interamericana de Puerto Rico, Recinto de San Germán, para la que estaba trabajando nuevamente a jornada parcial. Todos los contratos de auspicios para mis programas de radio y televisión fueron cancelados. Todas las escuelas de liderazgo y de consejería quedaron paralizadas. Las invitaciones a predicar y participar como conferenciante y orador dentro y fuera de Puerto Rico se suspendieron. Todas las puertas cerradas por una acusación de algo que no fue como lo reseñaron y que no comprendía porqué tenía que estar pasando por una situación de tal magnitud. De ahí en adelante cero ingresos alternos, fuera de la compensación de mi iglesia local.

Verdaderamente, la situación al amanecer de ese viernes, 20 de marzo de 2015, no se la deseo a nadie. A las 8:20 de la mañana, el Hno. Carlos William Filippetti Pérez, miembro fundador y líder de la iglesia, me hizo una llamada para preguntarme que dónde estaba. Le respondí que estaba en mi casa, a donde mismo me estaba llamando. Sus palabras fueron: "Ay, pastor, de verdad hay que orar y mucho. Me están llamando para decirme que fuiste arrestado en un prostíbulo". Le respondí: "Tranquilo, William, nos veremos en breve y te explicaré todo".

Me levanté y me fui a bañar para prepararme e ir a casa de mi madre. Quería asegurarme que cualquier noticia que le llegara a ella fuera de mis labios y no por lo que estuvieran circulando los medios de comunicación sobre mí.

Terminándome de bañar mi hermano mayor, Manuel (Pito), llegó a mi casa y me abrazó llorando y diciéndome: "Estoy contigo, estoy contigo, tú no estás solo".

Juntos fuimos a casa de mi mamá en el Barrio Playa de Guayanilla, en donde me crie, pero no la encontramos porque estaba en una cita médica, acompañada de mi hermano William. Dos días antes había perdido mi teléfono celular y tenía uno de reemplazo. Me llegaban mensajes y llamadas de muchas personas, pero no podía identificar quiénes eran los remitentes. Así que, no sé todos los nombres ni cuántas personas, con exactitud, me expresaron su apoyo y solidaridad en medio del proceso.

Comenzó a llegar mucha gente a la casa de mi mamá, puesto que se habían enterado de las noticias en las redes sociales, la radio y la prensa escrita sobre el titular que les compartí. Al mediodía mi mamá había regresado de la cita médica. Estando con mis hermanos Manuel (Pito), William, Edwin y Manuel Humberto (Manu), junto a mi madre, Luz Garda (doña Luz), pude compartirles lo sucedido. No como lo estaban reseñando los medios, sino en mi versión real de lo sucedido allí, de una manera serena. Estaba tranquilo y sosegado.

Recuerdo que llegaron a la casa de mi mamá el pastor Henry Báez, la pastora Milagros (Milly) González, el Rdo. Juan Nelson Medina, el Hno. Alexis (Jessie) Mitjá y el Rdo. Julio González. Me ofrecieron su apoyo, solidaridad y palabra de oración. Luego regresé a mi casa, en donde estuve el resto del día, la noche y el fin de semana, recibiendo llamadas y visitas de cientos de personas más. Esto se repitió en lo sucesivo hasta finalizado el caso legal.

El viernes, 20 de marzo de 2015, marcaría el comienzo de una nueva historia que cambiaría mi vida para siempre. Esa noche mi hermano Manuel Humberto (Manu) me preguntó: "¿Por qué estás tan tranquilo luego de todo lo que ha pasado?". Mi respuesta fue: "Porque yo sé lo que pasó allí y no fue como dicen que sucedió". Entonces terminó diciéndome: "Pues si no pasó como ellos dicen debes llegar con esto hasta las últimas consecuencias, no importando lo que cueste". Así fue como decidí llevar el caso hasta el final. A pesar de todo, inclusive, los costos. Las recomendaciones denominacionales y legales ese día fueron contrarias a la decisión tomada y el proceso no fue manejado de la mejor manera, al ser único en su clase al momento de salir a la luz. Tuve que enfrentar y batallar grande y fuertemente contra viento y marea esos cinco meses subsiguientes.

El 30 de marzo de 2015 se evaluó la evidencia presentada por fiscalía y la policía en lo que se conoce legalmente como Regla 6. El Tribunal encontró causa para juicio, dando ha lugar la evidencia presentada por fiscalía y la policía, la cual solamente consistía en el testimonio verbal del agente Alvin Montes Cintrón. Dentro de la supuesta evidencia a favor de mi culpabilidad no había grabaciones en audio, ni fotos ni grabaciones de las cámaras de la ciudad. La sola evidencia presentada por la fiscal Carmen Santana y la otra fiscal ayudante fue el testimonio del oficial de la policía, que evidentemente contenía información incorrecta.

Salí frustrado porque mi proceso no terminó en diez días, sino que ahora se extendería por más de un mes. Esa noche la prensa volvió a llenarse con información incorrecta, declarando que se había encontrado causa para arresto por el delito de prostitución y sin prestación de fianza. Esto provocó que muchas personas creyeran que yo había sido encarcelado sin derecho a fianza. El delito era uno de categoría menos grave, por lo que no conllevaba fianza alguna. Regresé a mi casa luego de terminada la vista.

Nuevamente se encendía la hoguera del caso de diez días atrás. Recuerdo y agradezco profundamente la cantidad de personas reunidas fuera de la sala del tribunal en solidaridad, en oración silenciosa y espera que todo pudiera terminar allí. No siempre las cosas suceden como se esperan y las pide en oración. Así que, esto nos enseña que hay que seguir aprendiendo en los procesos que Dios, en Su soberanía, nos permite vivir. Se fijó juicio para el 23 de abril de 2015. En espera de esa fecha tuve muchas experiencias a diario con Dios.

Una de las más significativas fue recibir la llamada de la pastora Marilú Dones de Reyes, pastora de la Iglesia Bautista Bethel, que es la iglesia evangélica protestante más grande de Puerto Rico (sobre siete mil miembros). Me llamó el martes, 7 de abril de 2015, a las 1:33 de la tarde. Hablamos por veintidós minutos y cincuenta y un segundos. No reconocí su voz de inmediato, pero luego entendí que era ella.

Se comunicó para decirme, entre otras cosas, que había estado orando por mí durante la madrugada y reprendía cualquier pensamiento que me llevara a terminar con mi vida. Le confesé que la noche anterior, en medio de la sala de mi casa, había pasado por mi mente una imagen breve y momentánea en donde me veía colgado allí, del techo. Dicho sea de paso, este fue uno de los temores que tuvieron el Rdo. Juan Nelson Medina y del Hno. Alexis Mitjá, por lo que el día del evento fueron directamente a mi residencia a buscarme. En ese momento declaré en alta voz diciendo: "La sangre de Cristo tiene poder, la sangre de Cristo tiene poder". De inmediato las imágenes se fueron de mi mente y al otro día recibí la llamada de la pastora Marilú Dones de Reyes. No fue casualidad y me invitó a ir con un grupo de líderes de mi iglesia para ungirme con aceite. Eso fue un martes y al otro día llegamos al culto que celebran los miércoles a las diez de la mañana, en el templo de Río Grande, Puerto Rico.

Cuando llegó el día señalado para el juicio, tanto la fiscalía como el agente, declararon que no se encontraban listos para presentar toda la evidencia que demostraría mi culpabilidad. En Puerto Rico nuestro sistema de justicia establece que el acusado es inocente hasta que se le demuestre lo contrario. La inocencia no se demuestra, sino que se sostiene. Es responsabilidad de la fiscalía demostrar la culpabilidad del acusado. En términos legales y escritos es así, pero en términos prácticos es el pueblo quien juzga y condena a base de apreciaciones y no de hechos. Cabe mencionar, que no cumplieron con el término de los diez días establecidos antes del juicio para la Regla 95, relacionada al descubrimiento de prueba a la que tiene derecho la representación legal que me defendería. De acuerdo con el calendario de todas las partes, entiéndase el agente, Fiscalía, el tribunal y mis abogados, se fijó nueva fecha para juicio el viernes, 21 de agosto de 2015. Mi representación legal estaba compuesta por los licenciados Pablo Colón Santiago y Francisco Sánchez, quien había sido fiscal por dieciséis años; la fiscalía por dos fiscales, cuya principal era Carmen Santana. Al salir de allí mi abogado me indicó que existen dos tipos de escuelas en estos procesos. La escuela de la calma y la de la prisa y él era amigo de la de la calma.

No puedo negar que otra vez me sentí tan frustrado porque mi proceso legal se extendería hasta la tercera semana de agosto. Esto no me permitiría volver a trabajar en la enseñanza a nivel universitario para el comienzo del año académico 2015-2016 en ningún centro universitario. Me fui del tribunal con gran frustración y cuando oré al Señor escuché su voz en mi espíritu que me dijo: "Busca en el calendario y cuenta los días que hay entre el 20 de marzo y el 21 de agosto de 2015". Cuando conté eran ciento cincuenta y cinco días. El Señor volvió a hablarme a mi espíritu: "Cinco meses o ciento cincuenta días necesita el águila para rejuvenecerse por completo. Luego de estos cinco meses saldrás rejuvenecido como el águila de tu proceso, así como tanto has predicado y enseñado".

A partir de ese momento Dios me permitiría pasar el proceso más doloroso de toda mi vida. No bastaba el primer mes del caso, sino que me faltaban cuatro meses adicionales de enseñanzas y aprendizajes que cambiarían mi ser por completo y para siempre. Para más detalles al respecto, ve mi programa especial de televisión "La verdad y la justicia triunfan sobre el engaño". Lo puedes encontrar en mi canal de YouTube®, Pastor Jaime Galarza Tv. También puedes escuchar el audiolibro *Esperanza en tiempos de crisis*. Ambos programas contienen todo lo relacionado a este proceso, incluyendo el sonido de las palabras textuales del honorable Francisco J. Quiñones Rivera, juez del caso, al momento de dictar sentencia.

Esos cinco meses fueron unos en donde me sentí muy identificado con el personaje bíblico de Job. En su caso, Dios guardó silencio y cuando decidió responderle no le contestó ninguna de sus preguntas. A mí, cada día Él se encargó de hablarme de diferentes maneras y a través de distintas formas.

Les comparto una de las experiencias más significativas que tuve los primeros días y que me ha marcado de manera especial. Orando le pregunté al Señor: "¿Por qué has permitido que pase por este proceso y qué quieres enseñarme a través de todo?". Dios me habló a mi espíritu para hacerme entender: "Este proceso lo he permitido en tu vida porque tu corazón se ha contaminado de orgullo, arrogancia, altivez y soberbia y vanagloria espiritual. Te has desenfocado de tu primer llamado y tu primera vocación, que es el ministerio pastoral. Le has dado más importancia a ser doctor que a ser pastor. Si no permito este proceso en tu vida terminarás perdido. Ahora vivirás de rodillas y humillado, dependiente de Mí hasta que te llame a mi presencia o te venga a buscar. La gente nunca olvidará lo que te ha sucedido para que vivas en humildad y dependiente de Mí. Si aprendes las lecciones que te quiero enseñar en este proceso habrás ganado y no perdido. Porque esto no es una caída, sino un salto para lo que he decidido para tu vida y ministerio de aquí en adelante".

Prohibido olvidar esta y otras lecciones aprendidas y repasadas que compartiré en breve con ustedes. El ego espiritual tan alto que cargaba en mi corazón a nivel inconsciente me iba a llevar a la destrucción total y absoluta. No puedo negar todo el bien que ha traído a mi vida esta experiencia y el permitirle a Dios que me enseñara de tú a tú directamente y aprender nuevas lecciones y repasar otras.

Una gran vecina que me vio nacer, y que junto a sus hermanos se hicieron parte de mi familia de sangre, me hizo un regalo. Sarah Pagán me obsequió un libro en cuya dedicatoria me decía que en él encontraría muchas respuestas a mis preguntas. Así mismo fue. El libro *21 Razones de por qué les suceden cosas malas a personas buenas* ha sido una gran bendición a mi vida. Algunas lecciones nuevas y otras repasadas me han servido para hacer una pausa para reflexionar. En el libro de los *Salmos* cuando dice *Selah* se refiere a pausa para reflexionar y tener un momento para introspección. Hay que mirarse por dentro para descubrir qué lecciones Dios nos quiere enseñar a través de lo vivido. La razón principal que me movió a escribir este libro, y del cual recibí múltiples confirmaciones, es compartir con el lector, precisamente, algunas de esas lecciones que esta situación trajo a mi vida. Además, invitarte a que, en lugar de quejarte y lamentarte, y estés poniendo excusas y pretextos, te examines para descubrir lo que Dios realmente desea enseñarte en tu proceso de angustias, dolores y sufrimientos que estés pasando o que tengas que vivir.

Precisamente, unas semanas antes de enviar este manuscrito a imprenta, la Hna. Ruth Román Velázquez, hija del Rdo. Otilio Román y hermana de mi gran amigo y hermano David (mejor conocido por Pito, fenecido), compartió en Facebook® un mensaje que me volvía a confirmar la necesidad de compartir este mensaje con quien lo está leyendo. El mismo decía así: "¡Un día contarás tu historia sobre cómo superaste la batalla que atravesaste, y Dios te enviará a las personas exactas que necesitan escuchar esa historia!".

CAPÍTULO VI

Ganancia y no pérdida

"Mejor es el fin de un asunto que su comienzo".
Eclesiastés 7: 8ª LBLA

Otras lecciones aprendidas

No es como comiencen las cosas, sino como terminen. El sabio predicador Salomón descubrió esto en su propia experiencia de vida. En ocasiones, las cosas comienzan bien, pero pueden terminar mal. De igual manera, pueden empezar mal, pero culminan bien. Por eso, estas palabras del libro de *Eclesiastés* son sabiduría y verdad. Se hicieron una realidad en mi proceso. Lo mismo deseo compartir con cada uno de ustedes.

Al texto bíblico citado le añado otro que el salmista expresó, lo que cobró un significado tan especial en mi vida durante todo el proceso. Lo divido en secciones para hacer saber cómo este versículo impactó mi vida. Este es: "Hubiera yo desmayado". Fueron muchas las veces que me sentí desmayar y no podía más. Ciertamente, la gracia y misericordia de Dios fueron las que me mantuvieron de pie, aunque mis sentimientos me gritaban otra cosa.

El texto sigue diciendo: "sino creyese". En ocasiones la duda toca las puertas del corazón de aun los más fieles creyentes. Tuve crisis de fe al igual que Juan el Bautista, pero luego en el caminar descubrí que se puede seguir creyendo, aunque las circunstancias digan lo contrario. Continúa la porción bíblica: "que veré la bondad de Jehová". Aunque mirar y ver no es lo mismo esta experiencia me ayudó a diferenciar lo que se mira de lo que se ve. La bondad de

Dios, o sea, lo bueno de Él lo pude ver todos los días del proceso. Los primeros ciento cincuenta y cinco días, de los primeros cinco meses, me prepararon para el desenlace. Aún más, para ver que al sexto mes Dios me mostraría su justicia que resplandecería como el sol de mediodía, como me había prometido el Altísimo Señor. Por eso la portada del libro muestras las nubes grises que representan lo duro y difícil de todo proceso y al mismo tiempo muestra el sol de la justicia de Dios que sigue brillando con toda su fuerza. Aunque las nubes intenten opacarlo sigue brillando no importando que no lo podamos ver en todo su esplendor en el momento de la prueba y la dificultad. Termina el texto con la frase: "en la tierra de los vivientes". Así que, no tendría que esperar a llegar al cielo para ver el cumplimiento de Su promesa, sino que en el aquí y en el ahora lo podría disfrutar. Salmos 27: 13 RV1960.

Esas palabras también me inspiraron esperanza en mis tiempos de crisis. Me dieron la seguridad de que no moriría sin ver la bondad de mi Dios. Me confirmaban que al final de todo el proceso las cosas serían mejores, como dice el sabio predicador en *Eclesiastés*. Por eso hoy puedo compartir algunas de las lecciones aprendidas en este proceso, como parte de mi ganancia y no pérdida.

Como compartí, Dios me ha permitido estudiar, obteniendo siete grados académicos. Toda la inversión académica, si la fuera a cuantificar en dinero, asciende a cientos de miles de dólares (alrededor de $150,000.00). Además, si sumara lo que dejé de ingresar, ganar y lo que perdí en esos meses, sería sobre $150,000.00. Ambas cantidades suman más de un cuarto de millón en dólares americanos. En eso estimo la inversión económica de las lecciones aprendidas que compartiré a continuación. Lo menciono porque el proceso de enseñanza y aprendizaje, ya sea concreto o abstracto, siempre cuesta.

Comprender por qué a mí
Algunas de estas reflexiones tendrán más detalles que otras. Lo comparo con los escritos de los profetas en el Antiguo Testamento. Tal división no obedece a la importancia del escrito o su mensaje. Se debe a que algunos libros son más extensos que otros y de ahí la división de profetas mayores y menores. De modo que, el hecho de que algunas lecciones no tengan mucho contenido no significa que lo aprendido haya sido menos importante que otras que contienen muchos detalles.

Cuando contesto por qué a mí esta experiencia, concluyo que tenía la intención de enseñarme y demostrarme la capacidad de transformar el hecho de cómo me puedo sentir en relación a mí mismo con aquellas cosas que no están en mi absoluto control. En lugar de estar enojado por la prueba que tuve que enfrentar, decidí darme la oportunidad de aprender a estar y vivir más agradecido por todas las bendiciones que pude disfrutar en medio del proceso. De esta manera fui saboreando un anticipo de lo que será mi vida en la eternidad.

Totalmente bien y feliz estaré cuando llegue a la eternidad con mi Dios. Mientras tanto, aquí en la tierra de los vivientes, aprendo que nuestro Dios puede convertir en bueno algo que nace de algo malo.

Tener mayor intimidad con Dios
Ciertamente, ese texto, *Salmos*, capítulo 50, versículo 15 que dice: "E invócame en el día de la angustia; Te libraré, y tú me honrarás" (RVR60), se cumplió en mi vida. Porque en momentos de angustias, dolor y sufrimiento busqué al Altísimo Señor para que me socorriera. La parte final del capítulo 5, versículo 15, del libro del profeta Oseas (RVR60) dice que "...en angustias me buscarán". Dios me hizo volver a esos tiempos de profunda búsqueda de Su presencia en oración y cultivo de una espiritualidad saludable. Porque había perdido mi intimidad con el Señor que me llamó. No podemos perder la conexión con Él y mucho menos

sustituirla con otras cosas que no sean las disciplinas espirituales saludables, como la oración y el estudio sistemático de la Biblia.

Es lamentable tener que confesarles que esas disciplinas espirituales en ocasiones se me olvidaron y dependía de mis propias fuerzas, conocimiento, destrezas, habilidades y capacidades para hacer las cosas bien hechas. Nuestras fuerzas vienen de Dios, al igual que la inteligencia y sabiduría. A veces llegamos a pensar que todo eso depende solo de nosotros y no es de esa manera. Esta lección la aprendí por medio de un estudio bíblico que mi muy amado hermano Luis A. "Verthyn" Marín ofreció en nuestra Iglesia de Ponce 3. El personaje bíblico de referencia fue Sansón y en ocasiones hacemos como él creyéndonos que las fuerzas vienen de nosotros mismos y no del Altísimo Señor. Lo aprendí a precio caro y doy gracias a Dios por eso.

De este proceso llamado crisis puedo reconocer lo que aprendí del Rdo. Isaías Narváez Santos, quien fuera mi profesor y mentor sobre este tema, y me apoyó y acompañó junto a la iglesia durante el proceso. En una serie de lecciones sobre el manejo adecuado de las diferentes crisis compartido en la *Revista El Discípulo*, el reverendo Narváez nos dice que las crisis no duran para siempre, sino lo que uno quiere que duren. Es la actitud de cada persona lo que hace la diferencia para que la perspectiva de como uno mira y ve las cosas cambie.

Hace muchos años, mientras era adolescente, aprendí de una maestra que, cuando el Señor permite suceda algo en la vida de uno de sus hijos, se debe hacer la siguiente pregunta: "Dios mío, ¿qué me quieres enseñar con esto o qué quieres que yo aprenda de todo este proceso?". Ella es hoy la doctora Alejandrina Ortiz, directora y fundadora del Programa Restaurando Portillos. Esta institución es la primera en su clase, en donde se trabaja con hombres agresores culpables de la Ley 54 de violencia doméstica. Se trabaja con el agresor más allá de las víctimas. De hecho, sobre este programa fueron mis proyectos de investigación y casos de estudio para los dos grados doctorales. La doctora Ortiz es una de las personas que comparte su experiencia de porqué decidió apoyarme durante mi crisis, en los comentarios al final de este libro. Esta pregunta me la tuve que hacer muchas veces durante esa época de introspección con el fin de aprender estas lecciones compartidas. Así que, todo esto fue de gran beneficio para mí. Por eso, lo aprendido y repasado durante los ciento cincuenta y cinco días de la primera parte del proceso es lo que está compilado en este libro.

Según el águila se rejuvenece en cinco meses o ciento cincuenta días, así necesité de ese tiempo para aprender algunas cosas y repasar otras. Esta ave cuando cumple cuarenta años ha volado y alcanzando su mayor altura. Ha usado su plumaje para elevarse lo más alto que ha podido. En ese momento su plumaje está lleno de polvo debido a una grasa que el cuerpo ha expulsado y causa se le peque, aumentando su peso. Eso le impide volar con la agilidad y la acrobacia a la que estaba acostumbrada. Sus garras afiladas con gran fortaleza y precisión para mantener su presa atrapada han perdido fuerza y vigor. Se le dificulta poder mantener su víctima secuestrada y corre el riesgo de que se le escape. Estos cuarenta años han cumplido su efecto en su vida útil y productiva.

Por otra parte, su pico puntiagudo en dirección a su pecho la coloca en posición de peligro porque puede terminar causándose daño a ella misma. Ya este no tiene la precisión de poder enterrarse en el corazón de su presa, sino en el de ella. Su visión se nubla y necesita renovación para poder mirar y ver con la agudeza de su fuerza y juventud. Todo su ser como águila requiere tomar la gran decisión más importante de su vida. Se rejuvenece o se deja morir. Si desea vivir treinta años más debe decidirse por el proceso de rejuvenecerse, aunque resulta doloroso, angustioso y lleno de sufrimiento.

Para lograrlo, debe buscar el lugar más alto y la cueva más segura en donde pueda estar por espacio de cinco meses o ciento cincuenta días. En el primer mes tiene que con gran fuerza y dolor golpear su cuerpo contra la roca y ensangrentarse. Con la ayuda de su pico y garras se desviste de su plumaje viejo y lleno de polvo y grasa. Al terminar, está lista para echar sus nuevas plumas, que no solo serán resplandecientes y brillantes, sino aptas para permitirle elevarse a más alturas, cual nunca había alcanzado en sus cuarenta años anteriores. El próximo paso es golpear la roca para desprenderse de su pico y sus garras. Esto también es muy doloroso, pero al mismo tiempo necesario. Pasado este tiempo puede tener nuevas herramientas como son el pico y las garras. Incluso, el estar en esa especie de cuarentena le permitirá a su visión renovarse con mayor agudeza, como nunca.

Eso me sucedió durante mi proceso. Dios mismo había permitido esto en mi vida para tener un renacimiento espiritual. Hace años tuve un programa radial por NotiUno 630 AM titulado Renacer Espiritual. Ahora estaba teniendo, precisamente, mi propio proceso de renacimiento espiritualmente.

La ganancia estuvo en la grandiosa oportunidad de regresar a mi intimidad con Dios como primera lección repasada, porque había sido aprendida. De muy joven y a principios de mi ministerio cultivaba mis disciplinas espirituales de otra manera. Sacaba tiempo y era disciplinado con esto. Mis nuevas funciones y responsabilidades con otras cosas me desenfocaron y no me permitían darle a Dios el tiempo para disfrutar de ellas. Pido a los líderes eclesiásticos que lean estas líneas que, por favor, nunca descuiden esta parte tan importante en sus vidas. Dice la Biblia que la intimidad de Dios es "con los que le buscan, los que le buscan de corazón". Aprendí que la crisis no debe ser lo que determine nuestra búsqueda profunda con el Señor. La gratitud, la alabanza y la adoración al que es digno de recibir toda gloria y honra deben ser motivos para intimar con el Padre Celestial. No permitamos que el momento de la angustia, dolor y sufrimiento sea el que nos empuje a esto.

Descubrí quienes eran mis verdaderos amigos
Durante ese tiempo, muchas personas que pensaba eran mis amigos se fueron de mi lado. Como a Jesús lo dejaron solo, a mí también. Algunas de las excusas fueron que estaban muy afectados y dolidos por las noticias que salieron y no pudieron manejarlo adecuadamente. Pienso que las personas que les dieron más crédito y credibilidad a las palabras de la prensa amarillista fueron las que en realidad no lo pudieron manejar. Para quienes buscaron la forma y manera de confirmar rumores sobre mí, el impacto de estas les hizo sentirse sin fe y sin esperanza. Para los que el amor, la misericordia y la compasión tienen más peso e importancia no les impidieron buscarme y mostrarme su apoyo y solidaridad, como otros muchos lo hicieron. Otros se montaron en algunos temas e *issues* que cobraron notoriedad durante ese tiempo (marzo a agosto 2015). Sin embargo, durante el proceso mis verdaderos amigos estuvieron allí conmigo.

Uno de ellos me dijo: "Tus verdaderos amigos no necesitamos saber lo que realmente sucedió y a los demás no les importa. Esto significa que para estar contigo no es necesario saber si fue o no cierto lo que reseñaron los medios". Descubrí que de muchos de quienes esperé apoyo nunca llegaron y de quienes menos esperé, esos fueron los que estuvieron presentes. Un amigo, compañero en el ministerio, con quien me gradué del Seminario Evangélico de Puerto Rico, estuvo conmigo durante todo el proceso legal, me visitó a mi casa, me llamó por teléfono y me acompañó las dos veces al tribunal, aun viviendo distante. Me refiero al Rdo. Dr. Cruz Alberto Negrón. Cuando todo terminó le dije: "Gracias, *brother,* por haber estado presente conmigo de diferentes maneras". Él me respondió: "Para eso somos amigos". Le respondí: "Más que amigos, porque otros que se llamaban mis amigos no supieron estar presente, como tú".

Conocer a Dios en otra dimensión

Esto se convirtió en otra de las lecciones aprendidas. El Dios del acompañamiento y de la solidaridad había sido tema de mis enseñanzas y predicaciones muchas veces. Conocer que aun cuando Él no te libra de todo mal, pero nunca te deja solo no importa cuál sea el desenlace, es una gran lección. No siempre todo lo que se pide en oración sale como se espera. No obstante, detrás de todo lo que pasa en nuestras vidas está la mano soberana y providencial de Dios obrando. No permitas que una violación de expectativas si las cosas no salen como esperas te coloque en una posición de rebeldía contra el Señor. Verdaderamente, Él tiene todo en control y no hay razón para desesperarnos. Hasta el día en que nos llame a Su presencia seguiremos conociéndole de diferentes formas y maneras.

Ser confrontado con mi primer llamado y mi primera vocación de ser pastor y lo desenfocado que estaba de esto
Las otras cosas que hacía debido a la experiencia y el conocimiento adquirido a lo largo de mis años de servicio en la Obra del Señor no eran en nada pecado. El asunto es, que no me permitían colocar en prioridad la primera vocación y el primer llamado ministerial para servirle a Dios a tiempo completo en la pastoral. Ahora, y luego de haber pasado el proceso, entiendo que lo primero que tengo que hacer es servirle en esta a tiempo completo.

Cuando todas las puertas se cerraron la única que se mantuvo abierta fue la del ministerio pastoral de la iglesia local. Eso no significa que no pueda desempeñarme en otras cosas, sino que cuando las vaya a realizar las tengo que hacer desde la iglesia y/o ministerio, como plataforma principal hacia las demás tareas. Todo dentro de un contexto eclesiástico y de una pastoral social comunitaria y misionera sin fronteras. Desde hace mucho tiempo el Señor me ha permitido interesarme por esta área. Mi trabajo práctico para obtener el primer grado doctoral en ministerio fue desarrollando un centro de servicios sociocomunitarios integrales y ayudando a establecer el primer programa de servicios dirigido a hombres violentos que le dicen no a la violencia doméstica. Mi segundo grado doctoral requirió que en mi disertación trabajara con el estudio de un caso y lo hice usando al Programa Restaurando Portillos, que dirige la doctora Alejandrina Ortiz. El enfoque de mi disertación fue en el área práctica de la teología enfocado en la pastoral social comunitaria.

La iglesia como una comunidad social terapéutica por excelencia debe practicar el servicio al prójimo con alcances ilimitados. Ese nuevo enfoque de una teología práctica es a lo que estoy llamado y emplazado a realizar como prioridad. Cualquier otro tipo de actividad que me desenfoque de cumplir con este entendimiento se sale de la perfecta voluntad de Dios para mi vida. No obstante, estoy persuadido y convencido de que Dios mismo en Su momento oportuno me devolverá mi "Isaac" (el hijo que Abraham puso primero que a Dios, Él se lo pidió y luego se lo devolvió), puesto que nuestro Señor no es un sádico que se deleita en hacer sufrir y padecer a sus hijos innecesariamente.

Decidí practicar lo que siempre enseño sobre lo que digan de mí

Las noticias que fueron difundidas por la prensa en formato digital y las que copiaron otros medios noticiosos en las redes sociales no informaban la verdad. Todavía permanecen en esos medios de gran alcance y no podrán borrarse. Recientemente, una compañía que se dedica a remover contenido indeseado del Internet me hizo una propuesta de cobrarme $6,000.00 para eliminarlas de cualquier tipo de búsqueda. Luego de evaluar que esa cantidad de dinero puede ser usada para un mejor provecho ministerial decidí aceptar que por mi cuenta no puedo cambiar esa realidad. Entonces, es ahí cuando es mejor poner en práctica lo que le digo a mis pacientes, lo que predico y enseño en mi conferencias, seminarios y talleres. No podemos controlar lo que otras personas puedan decir de uno. No siempre tenemos control sobre esto. De modo que, lo único que podemos hacer es decidir cuánto no afecta positiva o negativamente. Siempre me pregunto e invito a mis pacientes a preguntarse si lo que dicen es verdad o mentira. Si es mentira, porqué molestarse si es eso. Por lo tanto, no debe afectarnos lo que sabemos en efecto es mentira. No obstante, si es verdad no debe molestarnos en absoluto que lo que estén diciendo sea cierto. Moraleja, sea mentira o verdad no debemos dejar que nos afecte lo que la gente hable de nosotros y que, en última instancia, no podemos controlar. Esto fue una lección repasada dentro del proceso.

Quebrantos de salud física
"Aunque ande en valle de sombra y de muerte no temeré mal alguno porque tú estarás conmigo, tu vara y tu callado me infundirán aliento." Salmos 23: 4 RVR1960

Como psicoterapeuta pastoral clínico siempre le he dicho a mis pacientes que el cuerpo somatiza en enfermedades físicas todos aquellos eventos mentales, emocionales y espirituales vividos que no se hayan podido procesar adecuadamente. No hay anatomía de la enfermedad que no sea el reflejo de algún asunto relacionado con el manejo adecuado de las emociones, resultado de eventos traumáticos desde el vientre materno, que es el primer hogar de todo ser humano. Me han escuchado decirlo en mis clases de consejería y en terapias grupales o individuales. Esto, a menos que sea un asunto congénito al momento de la fecundación, el cual, de todas maneras, tendrá su detonante en algún momento de las etapas en el proceso de crecimiento y desarrollo humano.

Les hago un recuento de las enfermedades físicas que padecía y que sirvieron para reflexionar y convertirse en parte de mi proceso de enseñanza y aprendizaje. O sea, también al final las vi como ganancia. Además, les incluyo la medicación que tomaba al momento de la crisis y cómo estas se agudizaron como resultado del evento traumático y crítico.

De mis primeros padecimientos tratados están los problemas con el sistema digestivo. Tuve diagnóstico y tratamiento de síndrome de colon irritable, para lo que tomé antiespasmódicos intestinales y medicación para el dolor (*Bentyl* y *Librax*). Luego desarrollé gastritis crónica y reflujo gastroesofágico, lo que me dañó la válvula del píloro, y hernia en el esófago. Las biopsias no reflejaron daños mayores. Para esto tomé *Nexium, Protonix, Prilosec* y *Zantac*.

Todo esto fue resultado de un descuido en el cumplimiento de las horas de comida. En mi caso, el reflujo era asintomático, silencioso. También se le conoce como reflujo laringofaríngeo. De modo, que no me percato de inmediato de tal padecimiento, sino cuando es muy tarde.

Estas afecciones en el sistema digestivo me causaron problemas en el instrumento que más utilizo para predicar y realizar las otras tareas ministeriales y profesionales. La unión de eso con el abuso de voz me llevó a sufrir de tres cirugías en las cuerdas vocales para extirpar quistes, pólipos y nódulos. Desarrollé una hipersensibilidad a cualquier agente externo alérgico que también me causó problemas en las vías respiratorias con mucha frecuencia. Para eso tomé *Claritin, Zyrtec* y, alternadamente, *Singulair.*

En abril de 2015, en medio de la situación que empezó en marzo, comencé a sentir molestias y padecimientos en mi cuerpo, afectándose mi salud física aún más que antes. Lo primero fue un deterioro severo en mi calidad de la voz.

Sospeché de nuevos padecimientos en mi sistema digestivo. Los tuve, según les conté, y estuvieron asociados unos con otros.

Como les mencioné, el cuerpo somatiza, o sea, refleja enfermedades físicas por el impacto de las experiencias mentales, emocionales y espirituales durante procesos de mucho estrés. Por eso, es muy importante que tengamos presente que esto puede hacernos mucho daño a nivel fisiológico o de la salud, bienestar integral y calidad de vida. Incluso, hay estudios médicos, clínicos y científicos, que confirman que el estrés mal manejado puede llevarte hasta la muerte. Puede contribuir, además, al síndrome metabólico (niveles de colesterol malo altos, de triglicéridos y de azúcar en límites fronterizos que predisponen la diabetes).

En esta ocasión, como resultado de toda la tensión del proceso legal, les mencioné que lo noté al perder calidad de voz y tener de nuevo los síntomas del reflujo. Posteriormente, pude comprobar con un estudio especializado por un gastroenterólogo que, en efecto, tenía reflujo, gastritis y hernia hiatal en el esófago, resultado común en pacientes como yo. La colonoscopia reveló pólipos, hemorroides internas y divertículos. De inmediato iniciamos tratamiento agresivo con medicamentos para trabajar la condición y controlarla al máximo. Se añadió dieta baja en alimentos ácidos y alta en alcalinos; no comer tres horas antes de acostarme y dormir con la cama levantada para evitar que los jugos gástricos subieran a la garganta. Además, volver a remedios naturales y medicina alternativa para trabajar el asunto del reflujo. Quienes tienen estas condiciones podrán identificarse.

No puedo echarle la culpa a Dios ni al diablo. Fue, simplemente, mi propia negligencia e irresponsabilidad las que me llevaron a esas situaciones de salud física. En ese momento se unió el que la parte mental, emocional y espiritual se afectaran durante la crisis. Esto provocó la tercera cirugía de cuerdas vocales. Se realizó el 24 de agosto de 2015 y estuve en reposo vocal por seis semanas.

El tercer padecimiento de enfermedad física que tuve que enfrentar durante mi proceso legal fue uno en mi propia piel, en mi propia carne. Desde mayo comencé a padecer de ronchas y ampollas que me producían un picor extremo. Esto me obligaba a rascarme y como consecuencia empeoraba. Lo peor fue en el área en donde comenzaron estas molestias y los diagnósticos y tratamientos a los que tuve que ser expuesto para confirmar y reconfirmar cuál era la verdadera condición. No me resulta nada fácil compartir con ustedes lo que este padecimiento en la piel representaba para mí. La vergüenza, el temor y la continua búsqueda de tratamiento y medicamentos para la condición empeoraban el asunto. El padecimiento inició en el área genital y luego afectaba también otras áreas. Esto dificultaba la precisión de los diagnósticos, los cuales fueron desacertados y cuyos tratamientos eran costosos, sin ningún alivio y remedio para mi situación.

El primero de los diagnósticos por tres médicos fue de una enfermedad transmitida sexualmente llamada herpes genital. Debido a las protuberancias, ronchas y ampollas en el área genital, coincidían que era eso. No obstante, ellos no podían creer y aceptar al yo decirles que no estaba activo sexualmente, que era imposible tal enfermedad. Sus caras de dudas y asombro, versus lo que estaban viendo, no les permitía creerme. Sin embargo, las tres veces que me hice los laboratorios clínicos correspondientes, con tiempos de espera entre uno y otro, confirmaron vez tras vez que NO era herpes genital.

Entonces, pasamos al segundo diagnóstico y tratamiento. Este era psoriasis genital, que es una enfermedad congénita que no se contagia por persona alguna. Se activa cuando hay situaciones de mucha tensión emocional y calor. Dado el caso que en mi historial familiar tengo un hermano de padre y madre que padece de psoriasis, llegó el médico a la conclusión que en efecto era eso. Me expusieron a tratamiento medicalizado para tratar la condición y nuevamente dos médicos me recetaron lo último y lo mejor para esos casos. No tuve mejoría alguna durante el tiempo de uso de las diferentes cremas y ungüentos.

Luego de cuatro meses de luchas y pruebas tratándome para dos diagnósticos diferentes dados por más de un médico, fui a una consulta con un especialista de la piel (dermatólogo). Cuando me examinó detenida y minuciosamente, y ver todos los resultados de laboratorios clínicos, me informó que el padecimiento no era otra cosa que sarna humana o escabiosis. Esto es producido por un ácaro (insecto) que se alimenta de sangre. Se puede adquirir de diversas formas y lo más prudente es proceder al protocolo para tales casos. Tenía marcas en el ombligo, cintura, partes genitales y en los dedos de las manos. Me recetó un antibiótico por diez días y un protocolo en crema por un mes, que se administraba en todo el cuerpo desde el cuello hasta los pies, uno semanal hasta completarlo.

Gracias a Dios ya tenía certeza y seguridad de la enfermedad real a la que me estaba enfrentando. Seguí las instrucciones médicas y mi fe precisa para que Dios hiciera lo que la ciencia médica no podía hacer. Para parecerme más a Job en la prueba que estaba pasando, también se me dio a beber de la copa de una enfermedad en la piel, aunque no de forma tan visible. Aunque se me estaba pasando a las manos, pude enfrentarla a tiempo. Es un punto interesante, y para nada fue casualidad, que haya tenido que enfrentar una condición de salud visible como Job.

Ciertamente, todo este proceso de enfrentar enfermedades me confirma que nuestra mirada y fe siempre tienen que estar puestas en las manos de Dios. Tuve que ser intervenido por seis médicos para trabajar con los diferentes diagnósticos, pero fue el séptimo el que me hizo entender todo el proceso por completo. Dios permitió que pudiera transformar la crisis en esperanza para dar testimonio de que se puede ser más que vencedor en el nombre de Jesús.

Mis enfermedades, unidas al proceso legal, me hicieron reflexionar en que tenemos que mantenernos humildes y no altivos, orgullosos, soberbios ni vanagloriosos. Tanto el caso, como las enfermedades, me devolvieron al camino de la humildad. Por eso, no me equivoco al decir que ellas también fueron ganancia y no pérdida. No puedo olvidar estas enseñanzas para que no me venga algo peor. Lo aprendido se debe mantener en mí para siempre. El Dios del acompañamiento y de la solidaridad se hace presente antes, durante y después de cualquier crisis. No obstante, aprovecho esta experiencia y oportunidad para llamar tu atención. Quedarnos anclados en memorias del pasado es un detonante de la depresión. Aferrarnos al futuro que no está bajo nuestro control activa la ansiedad, los ataques de pánico y el insomnio. Quedarnos estancados en un presente por no buscar las herramientas disponibles y las ayudas provoca que los niveles de estrés segreguen una hormona cerebral llamada cortisol la cual destruye el sistema inmunológico cuando supera los niveles apropiados en nuestro cuerpo. Por eso te invito a que atiendas tu salud, bienestar integral y calidad de vida de modo que no te adelantes a una muerte prematura por causa de alguna enfermedad degenerativa terminal que se active en tu organismo. Toma control de tu salud holística ya, antes que se muy tarde.

CAPÍTULO VII

Desenlace del caso legal

"El Señor está cerca de los que tienen el corazón
quebrantado; libra a los de espíritu abatido."
Salmos 34: 18 NBV

Eventos del 21 de agosto y 29 de septiembre de 2015

El día del juicio llegó y mis abogados no recibieron la
evidencia que se requiere en Regla 95 para preparase para la
defensa en el tiempo establecido. Se supone que con diez
días de anticipación estuviera en sus manos para ellos poderse
preparar. Entendieron que el caso sería desestimado y
archivado debido a que pasaría el término de seis meses para
un juicio justo y rápido. Esta posibilidad fue discutida
conmigo el martes, 17 de marzo de 2015. Yo no estaba muy
de acuerdo y conforme.

El bufete legal Castillo Filippetti me ilustró que son
procedimientos legales y ese tipo de tecnicismo es parte del
debido proceso de ley establecido en nuestro sistema de
justicia. De modo que si, finalmente, se decidía eso en mi
caso no me tenía que preocupar porque nuestro sistema de
derecho establece que soy inocente hasta que se me
demuestre lo contrario. Si se vencían los términos para que
Fiscalía demostrara mi culpabilidad eso no lo decidía yo ni
estaba bajo mi control. Me explicaron, además, que el
sostenimiento de mi inocencia de esta manera no era menos
que si la sostenía luego de una vista en su fondo o juicio. Así
funciona el debido proceso de ley en el Departamento de
Justicia del Estado Libre Asociado de Puerto Rico.

Se discutió eso ante el juez, ya que la prueba se le hizo llegar a mis abogados el miércoles, 19 de agosto, en horas de la tarde. El magistrado le llamó la atención a Fiscalía por el incumplimiento y ordenó celebrar vista en su fondo ese mismo día. Instruyó que mi representación legal examinara la prueba y evidencia y procediera con la defensa. Aceptadas las partes comenzó el juicio. La Fiscalía volvió a interrogar al agente Alvin Montes Cintrón. En su testimonio, Montes cambió parte de la versión de lo que había testificado el 30 de marzo, durante el procedimiento de la Regla 6 para determinar causa o no para juicio. Nuestra representación legal tenía una transcripción al *verbatim* de lo sucedido allí, por lo que en su momento harían referencia a lo declarado aquella vez.

En un lenguaje vulgar y obsceno el agente Alvin Montes Cintrón relató cómo aparente y alegadamente hice el ofrecimiento de tener relaciones sexuales a cambio de pagarle la cantidad de $20.00. Dijo que le pedí me practicara sexo oral y me permitiera el acto sexual de penetración anal hacia él. De esta manera se había cometido la violación de la Ley 146, del código penal, del delito de indemnidad personal, mejor conocido como prostitución. Es considerado como un delito menos grave y consiste en el intercambio de un bien o servicio a cambio de favores sexuales de cualquier índole.

Una vez terminada la declaración del agente y la presentación de la supuesta evidencia y prueba para demostrar mi culpabilidad, se recesó en el tribunal. Al regreso le correspondería a mi representación legal el contrainterrogatorio. En el mismo se pudo demostrar las contradicciones, incongruencias y el testimonio falso sobre lo ocurrido. Fue el mismo plan oficial de trabajo escrito de la Policía de Puerto Rico, de cuatro páginas para ese operativo, el que demostraba en sí mismo que no se siguieron las órdenes establecidas y discutidas allí previamente. La hora, el lugar, las personas, el vehículo y el equipo destinado para ese operativo, de acuerdo al plan operacional de la policía, no concordaron con los agentes presentes, el sitio, el carro, ni el equipo usado en la intervención que me hicieron. Tales incongruencias, contradicciones ante las preguntas de mi representación legal y las funciones realizadas llevaron al honorable Francisco J. Quiñones Rivera, juez asignado al caso, a declararme inocente y no culpable de los cargos. Las palabras textuales del magistrado fueron:

"Don Jaime, nunca había estado tan convencido como lo estoy ahora cuando le digo que usted es inocente y no culpable de los cargos que se le imputan".

Hon. Juez Francisco J. Quiñones Rivera
Sala 503 Tribunal Superior de Ponce
21 de agosto de 2015, 4:06 PM

Ese día celebré la terminación del proceso legal ante el foro judicial. Las palabras inusuales del juez, honorable Francisco J. Quiñones Rivera, me reivindicaron ante la sociedad civil. Pude sostener mi inocencia. Toda la evidencia presentada por Fiscalía y el testimonio personal único del agente Alvin Montes Cintrón (alias Vinillo) no pudieron demostrar mi culpabilidad más allá de toda duda razonable, como establece nuestro sistema de justicia.

Esa noche del viernes, 21 de agosto de 2015, la Tercera Iglesia Bautista de Ponce hizo una vigilia de celebración. Un tiempo de alabanza y adoración en la presencia de Dios, unidos pastor e iglesia, fue lo que disfrutamos. Luego, el hermano Isaac Manzanillo (cantante de música sacra) fue el recurso de la noche. Este hermano había cantado y predicado en la iglesia el domingo, 29 de marzo de 2015, Domingo de Ramos, e invitó al pueblo a dar gracias por la victoria y también instó a no pedir más. Juntos celebramos en la presencia de Dios la culminación del proceso legal y el cumplimiento de la perfecta y agradable voluntad del Señor para nuestras vidas.

Pensé que todo lo relacionado a este caso había terminado el viernes, 21 de agosto de 2015. La determinación de sentencia del tribunal, expresada a través del juez, fue contundente, como lo compartí. Pero la verdad es que no fue así. Un mes después, el miércoles, 23 de septiembre de 2015, un ministro de la adoración, oriundo de la República Dominicana y radicado en Costa Rica, visitó nuestra iglesia. Su nombre es Alvin de la Cruz. Cantó y predicó de manera especial. Parte de su mensaje se convirtió en nuestro tema para el 2016.

A través de su ministración personal a mi vida una de las cosas que más me impactó, y que el Señor habló a mi espíritu, fue esta: "Mi siervo, yo te haré justicia que resplandecerá como el sol del mediodía". Me quedé meditando en la clase de justicia que Dios me haría. Esto debido a que en el mes anterior el tribunal me había exonerado de toda culpabilidad del delito que se me había imputado.

La mañana del martes, 29 de septiembre de 2015, mi abogado, Lcdo. Pablo Colón Santiago, se comunicó conmigo para informarme que el Negociado Federal de Investigaciones o *FBI*, por sus siglas en inglés (*Federal Beaureu of Investigation*) había arrestado a diez agentes de la Policía de Puerto Rico. Pertenecían a una presunta banda del crimen organizado llamada los "Los suricatos" (animal pariente de la mangosta que siempre trabaja junto a otros de su especie, en lo oculto y pendiente a sus alrededores). Se les acusaba de haberse dedicado a la fabricación de casos, implantación de evidencia falsa, compra y venta ilícita de armas de fuego, drogas y dinero incautado en los operativos, testimonios falsos, violación del *RICO ACT*, entre otras cosas.

Estas actividades se estuvieron llevando a cabo de 2011 a 2015, en donde acusaban a las personas falsamente para luego pedirles dinero a cambio. Las cantidades solicitadas fluctuaban entre $3,000.00 a $5,000.00 para los agentes policiacos no presentarse al tribunal y que los casos fueran archivados. Cuando se presentó el pliego acusatorio contra estos oficiales de la policía, entre ellos estaba el agente Alvin Montes Cintrón, placa número 35149, mejor conocido como "Vinillo". Fue el que se prestó para declarar que yo le había ofrecido $20.00 a cambio de él realizarme favores sexuales. Entre los arrestados se encontraban un teniente, una sargento y ocho agentes más de la División de Drogas y Armas. Esta no era la primera vez que el *FBI* había tenido que intervenir con agentes presuntamente corruptos de la Policía de Puerto Rico.

Jamás podía imaginarme que cuando el Señor me dijo me haría justicia, la cual resplandecería como el sol del mediodía se refería a este operativo que en Su omnisciencia Dios conocía. Para Él no bastó el que yo fuera reivindicado en el tribunal, sino que también permitió que saliera a la luz las actividades ilícitas en las que estaban involucrados estos agentes. Aquel que testificó contra mí el 20 y 30 de marzo y 21 de agosto de 2015 se enfrentaba ese día a una cantidad de acusaciones. Estas son: once cargos por violación a la Ley *RICO ACT* (de crimen organizado), violaciones de derechos civiles, extorsión a cambio de abuso de poder y autoridad, conspiración para distribuir sustancias controladas y mentir a las autoridades federales. Muchas de estas actividades ilícitas eran cometidas con el uniforme y utilizando equipo y propiedad de la Policía de Puerto Rico. Aprovechaban luego de terminados los turnos de trabajo para proceder con tales acciones.

Del pliego acusatorio escrito y del testimonio de los fiscales federales del caso, Mariana Bauzá y Teresa Zapata, se desprende que los agentes acusados se apropiaron de $175,000.00 y que distribuyeron más de cinco kilos de droga entre 2009 a 2015.

Se alega, además, que los acusados realizaron detenciones ilegales de vehículos de motor para robar sustancias controladas, dinero y pedían dinero a cambio de la liberación de arrestados. También, plantaban evidencia para detener a personas falsamente y mentían en casos criminales para recibir pagos por soborno. No comparecían a los tribunales para que se cayeran los casos e intervenían ilegalmente en propiedades para robar drogas y dinero, además de vender narcóticos.

La fiscal Zapata achacó a Montes Cintrón acudir a una residencia en el sector Caimito de Río Piedras, donde supieron que guardaban drogas, y supuestamente participó en el robo de dos kilogramos de cocaína. Alegó que se quedó con uno de los kilogramos, que fue vendido luego y recibió remuneración por dicha venta. El otro kilogramo fue vendido a un agente encubierto del *FBI*. La fiscal también alegó que Montes Cintrón robó paquetes de marihuana en una residencia a la que fue con la excusa de que querían hablar con el dueño porque estaba vendiendo un automóvil. Supuestamente, recibieron una confidencia de que allí se recibiría un paquete postal con la sustancia controlada y encontraron diez paquetes de marihuana en una caja, que fueron robados por los acusados.

Para entonces, el agente especial a cargo del *FBI* en Puerto Rico, Carlos Cases, informó que esto surgió como un *spin off* de los operativos *Guard Shack* de 2010 y de "Cantazo azul" en 2014. Luego de 2015 han ocurrido varios operativos similares y relacionados a este. Se siguen arrestando y procesando agentes del orden público involucrados en actividades criminales y de corrupción interna en la Policía de Puerto Rico.

La justicia de los seres humanos brilló para mí el 21 de agosto de 2015 y la justicia de Dios brilló aún más el 29 de septiembre de 2015, con lo sucedido en este operativo.

Esto fue así cuando un agente, aparente y alegadamente acostumbrado a participar en esquema de mentiras y fabricación de casos implantando evidencia falsa y extorsionando para lucro personal, fue acusado por un gran jurado en la Corte Federal en Puerto Rico. Siendo parte de la presunta banda de "Los suricatos" tendría que enfrentar el mismo proceso al que expuso a muchas personas durante todo ese tiempo.

Fue ese día que las palabras que me dijo la sargento Maribel Hernández, el 20 de marzo de 2015, me hicieron mucho sentido. Entonces comprendí que sus expresiones contenían un mensaje subliminal, de doble sentido. Lo que pasó fue que, al yo ser considerado figura pública, y cobrar otro giro el caso, no permitieron continuar con el intento de incluirme en el esquema de corrupción al que estaba acostumbrado el agente. Si me hubiera prestado para negociar, con el fin de que mi caso no prosperara a cambio de pagar dinero, no podría ocupar un altar y predicar frente a un púlpito sobre la justicia de Dios.

Aunque entre honorarios de abogados, quiebra (Capítulo 7) y pérdida de ingresos en estos cuatro años asciende a un cuarto de millón de dólares, en nada se compara con lo que vale mi paz y tranquilidad emocional y espiritual. Además, la justicia y la misericordia de Dios mostrada para mí es de incalculable valor. Las lecciones aprendidas no tienen precio. Aunque no recupere en términos materiales lo que un día tuve, me parece que lo ganado en el proceso es de incalculable valor espiritual y también económico.

Es cierto que no me he podido recuperar económicamente luego de cuatro años y medio. Al momento de terminar este libro ha pasado este tiempo desde aquel 20 de marzo de 2015 (lo terminé en octubre de 2019). No he podido recuperar lo material y en agosto de 2018 tuve la pérdida del segundo vehículo que me quedaba.

Mi casa tenía un año de atrasos hipotecarios luego del paso del huracán María por Puerto Rico. Pensé que la perdería, pero un recurso legal (*lost mitigation*) me permitió salvarla. A pesar de todo eso, sigo con la fe y esperanza en alto. Voy a los lugares a donde Dios me permite llegar con una cruzada de fe, esperanza y amor anunciándole a toda persona que podemos tener esperanza en tiempos de crisis. Porque es lo que he vivido en carne propia como testimonio personal y puedo asegurar a través de mi testimonio que podemos transformar las crisis en esperanza y aprender de ellas no importando cómo se llamen y el tamaño que tengan. Me resulta interesante un análisis al que he llegado luego de vivir todo esto. En 360 meses pagando ocho diferentes autos, en el presente mi octavo auto es uno usado porque no cuento con crédito para uno nuevo. En todo este tiempo he gastado $150,000 y mi vehículo actual está valorado en $12,000 cuando lo compré en $13,000 y he tenido que invertir $1,500 en reparaciones y mantenimiento. En casi 18 años he pagado $186,000 en hipoteca de mi casa, siendo un inquilino del banco que me la financió. Ni los autos ni la casa se podrán ir conmigo a la eternidad como parte de mis posesiones. He aprendido que no podemos vivir aferrados a lo material y que la vida se vive ligero de equipaje. No hay dinero que pueda comprar ni pagar la paz espiritual que se supone esté con uno mismo como ser humano que ama a Dios y vivo a Su servicio.

Para finalizar este capítulo, les comparto lo que el editor y director del Periódico El Sol de Puerto Rico, Sr. José Pérez, expresó. Cabe señalar, que este fue el único medio que reseñó la victoria y transmitió la entrevista a mi salida del tribunal, contrario a la noticia inicial tergiversada, que muchos la publicaron. Además, se incluye lo que el periodista y comunicador social de radio y televisión, Sr. Ray Cruz, reseñó para el programa televisivo del caso, que se encuentra en mi canal de YouTube®. El título del programa es La justicia y la verdad triunfan sobre el engaño.

Justicia Divina - Divina Justicia

Todos los días en el mundo se cometen injusticias. Las hay de todo tipo, pero la más infame es aquella que en claro menosprecio a la dignidad humana, atenta contra la buena reputación y los logros alcanzados por personas que han luchado por obtener un espacio dentro de la sociedad. Como si no fuera suficiente, ver cómo se derrumban los cimientos de una vida buena construida bajo los más altos principios de moralidad y regidos por una fe inquebrantable. Hay que enfrentar a los que callan y, tal vez, por conveniencia se hacen cómplices del atropello, sin tener en consideración el daño ocasionado.

La mañana del viernes, 20 de marzo de 2015, los principales medios de comunicación del país y regionales reseñaban el siguiente titular: "Acusan a pastor por solicitar favores sexuales a agente". La noticia recorrió por Puerto Rico en papel, audio y vídeo, e inundó el universo de las redes sociales.

A medida transcurría el día, y ante la incredulidad de muchos, trascendió que el acusado de tal vejamen era el destacado educador, Dr. Jaime Galarza Sierra. Un hombre que gozaba de una excelente reputación como pastor de una iglesia bautista en Ponce.

También era capellán de la Policía, quien posee un doctorado en consejería y trabajaba para ese entonces como profesor universitario. Además, contaba con el respaldo de empresas muy importantes del país que le ayudaban a impartir su doctrina y a ejercer la caridad. Todo eso se fue por la borda ante lo aparatoso de aquella acusación.

El suceso que le arrebató su reputación halló su destino final cuando los responsables de tal maquinación, cuyo único propósito era lograr elogios y sumar "galones" a su gestión como "honorables funcionarios de ley y orden", fueron arrebatados de sus vestiduras ante la justicia. Fue, justamente, otro viernes, en esta ocasión, el 21 de agosto de 2015, cuando el juez Francisco Javier Quiñones Rivera, después de evaluar la prueba presentada, pronunció su veredicto. *"Don Jaime, nunca había estado tan convencido como lo estoy ahora cuando le digo que usted es inocente y no culpable de los cargos que se le imputan".* Restó así todo crédito a lo relatado en sala y dio fin a una odisea que llevó al reverendo Galarza de la cúspide del éxito a las tinieblas del repudio, dejando una mancha indeleble que derrumbó su trayectoria.

Ese es el relato. En ese momento donde se reivindicaba el nombre de un hombre bueno y noble los medios de comunicación brillaron por su ausencia. Aquellos que acapararon la atención de la ciudadanía con un titular nefasto que manchó su dignidad ese día, no dedicaron ni un párrafo para anunciar la verdad.

Solo nosotros acompañamos a Galarza hasta ese instante en que se resarció su dignidad. El Periódico El Sol de Puerto Rico, que me honro en editar y dirigir, fue el único medio que inmediatamente publicó la noticia. Habíamos destacado un equipo en el Tribunal de Ponce, compuesto por dos periodistas y este servidor. Porque necesitábamos conocer la verdad. Porque conocíamos la trayectoria del pastor Galarza desde edad muy temprana y se nos hacía imposible creer las alegaciones en su contra.

Esa gestión periodística motivó entrevistas de algunos foros internacionales que aquilataron nuestras reseñas dada la trascendencia de la obra del doctor Galarza en otros países. Esto nos hizo merecedores del reconocimiento de muchas figuras destacadas, que transcurrido el tiempo aplaudieron nuestro trabajo.

Tal vez herremos en catalogar circunstancias posteriores como juicio divino, pero si en algo contribuye a limpiar el buen nombre del Dr. Jaime Galarza Sierra, el martes, 29 de septiembre del mismo año, ocurrieron los arrestos de la banda "El Combo de los Suricatos", compuesta por diez agentes de la Policía de Puerto Rico. Incluía un teniente, una sargento y ocho agentes. Entre ellos, Alvin Montes Cintrón, alias "Vinillo", el mismo agente responsable de las acusaciones al doctor Galarza.

El grupo fue acusado por un gran jurado federal por violaciones a la Ley *RICO* (crimen organizado), conspiración para violar derechos civiles, extorsión so color de autoridad, conspiración para distribuir sustancias controladas y mentir a las autoridades federales. Esta es una evidencia clara y contundente de que la justicia divina, la divina justicia, existe.

José Pérez Hernández, MSC
Editor y director
Periódico El Sol de Puerto Rico

Editorial del Sr. Ray Cruz
para el programa televisivo
La verdad y la justicia triunfan sobre el engaño

La mañana del martes, 29 de septiembre de 2015, Puerto Rico despertó con la noticia de un operativo del *FBI*, donde fueron arrestados diez policías. Diez policías que han deshonrado el uniforme y la confianza que le dio el pueblo. Es lamentable que tengamos que decirles a nuestros hijos que aun dentro de un prestigioso cuerpo también se encuentra ese tipo de personas. Los agentes que faltaron a la confianza de su país no solo mancharon el nombre del cuerpo, sino que dejaron secuelas y cicatrices que solo el tiempo podrá borrar. Pero dentro de esas cicatrices se encuentran las del pastor y doctor Jaime Galarza Sierra.

La madrugada del viernes, 20 de marzo de 2015, el agente Alvin Montes, alias Vinillo, quien fue hoy uno de los arrestados, presuntamente, por fabricación de casos y corrupción policiaca, hizo noticia al intervenir y, supuestamente, arrestar al pastor mencionado por alegados cargos de prostitución. Dicha acción, que no procedió en los tribunales, trajo heridas que solo el tiempo podrá sanar. Entre ellas, la humillación al doctor Galarza, la expulsión como capellán de la Policía, el despido como profesor de la Universidad Interamericana, la pérdida de ingresos que ha arrastrado pérdidas materiales y los daños emocionales, entre otras cosas.

Hoy, el agente Alvin Montes Cintrón ha sido arrestado, pero con él se va el dolor de cientos de personas, las cuales, posiblemente, algunas de ellas están recluidas en las cárceles de Puerto Rico por no haber tenido los recursos de una asistencia legal. Pero, ¿quién vira el tiempo? ¿Quién le devolverá al doctor Galarza su trabajo en la Universidad Interamericana? ¿O qué superintendente de la Policía tendrá la valentía de decirle a Jaime: "Lo siento? Aquí tiene su uniforme de capellán nuevamente, doctor. Lo sentimos."

Esas preguntas y muchas más fueron contestadas en aquel día, cuando me comuniqué con el Dr. Jaime Galarza. En dicha conversación le dije: "¿Por qué no has comentado nada de esto?". Su contestación fue: "No soy quién de tomar la justicia en mis manos. Desde el primer día aprendí a ponerla en manos de Dios."

¿Saben algo? No fui yo el que fui acusado falsamente, pero sí puedo decirles que hoy siento como si hubiese sido a mí a quien Dios le hizo justicia.

Este es mi editorial, es mi opinión.
Ray Cruz Santiago
Periodista y Comunicador Social

CAPÍTULO VIII

No he terminado contigo

"Y estoy seguro de que Dios, quien comenzó la buena obra en ustedes, la continuará hasta que quede completamente terminada el día que Cristo Jesús vuelva."
Filipenses 1: 6 NTV

Falta de perdón

Muchas cosas pasaron en mi vida personal y ministerial luego del desenlace del caso. En el segundo volumen de este libro las contaré en detalles. No obstante, me parece muy oportuno anticiparles la siguiente.

Al cumplirse un año del suceso coincidió, precisamente, con el Domingo de la Entrada Triunfal de Jesús a Jerusalén. Era el 20 de marzo de 2016. Vinieron a nuestra iglesia los primos hermanos Virginia y Benjamín Ortiz. El tema central de esa mañana fue el acto de Pedro y Juan desatar el pollino para que Jesús pudiera entrar triunfante a la ciudad. Cuál sorpresa la mía al descubrir que de la misma manera que Dios usó a estos apóstoles para realizar algo que parecía tan sencillo, pero que tenía propósito glorioso, así Él trabajaría en mi vida. Un año después había en mi corazón falta de perdón. Esa mañana fui desatado y liberado, al igual que los dos discípulos hicieron con aquel animal.

Hay veces que no comprendemos que las personas que, aparentemente, nos causan tanta angustia, dolor y sufrimiento son parte del plan y propósito de Dios. Simplemente, son instrumentos en las manos del Señor. Esto aun sin ellos mismos saberlo.

Así como José dijo a sus hermanos, terminé diciendo a los protagonistas de esta, mi historia: "El mal que ustedes provocaron contra mí Dios lo convirtió en un bien". Ese día los perdoné de corazón y fui liberado de la atadura que había en mi alma. Este tipo de amarre no permite que uno crezca y se desarrolle al máximo y pueda experimentar la gracia, misericordia y compasión de Dios en la vida propia. Te invito, amado lector, a tener un momento de reflexión. Haz una pausa, un *selah,* para mirar tu interior. Ve aquellas experiencias que te han causado tanta angustia, dolor y sufrimiento e identifica a los protagonistas que te han marcado. El perdón es algo a nivel decisional y no emocional. No se puede esperar a sentir perdonar para ponerlo en acción, sino que hay que decidirlo para ejecutarlo aun sin sentirlo. Tampoco es un asunto donde la o las personas se lo merezcan para entonces otorgarlo. Seguramente, cuando hagas como hice, sentirás una gran liberación espiritual. Si te sientes que no tienes la fuerza y el aliento para hacerlo, clama al Señor y pídele te dé un bautismo de Su amor y Su perdón para tener la capacidad de cancelar cualquier tipo de deuda de quienes te han agraviado.

Cuando logres tener esa experiencia, como hice, desfrutarás de esto. Traerá grandes bendiciones a tu vida. Solo Dios mismo puede sanar cualquier falta de perdón. No importa lo que te hayan hecho, lo que hayas hecho, lo que te hayan obligado a hacer o permitido que te hagan, todavía no se ha dictado la última palabra. Todavía tienes esperanza.

A nivel de las ciencias de la conducta se ha trabajado el tema del perdón por su impacto en la salud, la calidad de vida y el bienestar integral de los seres humanos. Para lograr esto es muy importante que el plano mental, emocional y espiritual estén en completo orden y balance para que el físico funcione adecuadamente. Incluso, a nivel de los métodos alternos al sistema tradicional de justicia, también se utiliza para la solución de conflictos. Esa única herramienta es la que puede solucionar disputas que por años no se han podido resolver a niveles personales, judiciales, familiares y de otros foros.

Ese es el tema principal que nos ocupa en este momento, el perdón, con un acercamiento atípico, no tradicional, a lo que tal vez estás acostumbrado a leer o escuchar. Tradicionalmente, se habla de este desde la perspectiva cristiana como un asunto espiritual y de obligación religiosa. Es como un requisito máximo, especialmente, si te autodenominas cristiano. No se concibe en la mente de las personas que puedas ser cristiano y no perdones la falta cometida contra ti de alguna persona, entiéndase tu prójimo. Sin embargo, la verdad es que hay muchas personas en las iglesias cristianas confrontando el gran conflicto del trauma de no poder perdonar. La ofensa, el daño, la angustia, el dolor o el sufrimiento que alguien, a su entero juicio o fuera del mismo, ha cometido contra ellas les impide realizar este acto de liberación.

Constantemente recibo personas en mi práctica profesional, como consejero terapéutico familiar y psicoterapeuta pastoral clínico, que tienen grandes dificultades con el asunto del perdón. Incluso, muchos de mis pacientes no han podido perdonar las faltas y errores cometidos a sí mismos. Hay quienes piensan que son responsables directos de los agravios que han cometido contra ellos y todo los lleva a no realizar esta acción.

He llegado a la conclusión que nadie que no logre perdonarse así mismo puede perdonar al prójimo. Es una acción por decisión propia que comienza primero con uno para luego poderlo llevar a cabo con los demás. De otra manera no es posible lograrlo.

En el campo de la psicología se ha demostrado, por estudios realizados y comprobado a nivel médico, clínico y científico, que la acción de perdonar libera sustancias químicas a nivel cerebral que luego repercuten en estados de bienestar integral. Si se hiciera un estudio de resonancias magnéticas del cerebro se podrían visualizar, clara y evidentemente, los estados del antes y después. Las hormonas cerebrales como la serotonina, dopamina y norepinefrina se alteran cuando vivimos estados neuróticos de culpa y falta de perdón. Por el contrario, cuando esa acción se lleva a cabo, la tristeza disminuye, la ira se disipa y los estados de amargura y frustración desaparecen. Todo esto, debido a lo que el alfabeto emocional denomina como resultados y beneficios de nutrir el cerebro con pensamientos y acciones positivas.

El acto de perdonar es la decisión de cancelar las deudas que otras personas a nivel emocional, sentimental y espiritualmente nos deben y que jamás nos podrán pagar. Son faltas cometidas contra la salud y el bienestar integral. Pueden ser consciente o inconscientemente, a manera voluntaria o no voluntaria, pero han provocado heridas emocionales y daños en la parte fisiológica, psicológica, sociológica y/o espiritual. Dicho en otras palabras, el daño es integral, holístico, en todas las áreas del ser humano.

Hay un malentendido generalizado sobre el acto de perdonar. Se piensa que se beneficia únicamente el que lo recibe. El beneficio mayor e inmediato es hacia quien perdona libre y voluntariamente, tomando la decisión de saldar esa deuda imposible de pagar.

Cuando esto ocurre la persona que otorga el perdón siente, literalmente, como si saliera de una cárcel o de una especie de secuestro emocional, sentimental y espiritual en donde ha estado por cierto tiempo. A nivel de la salud física, los órganos internos son impactados por los estados y síntomas que se han sentido como resultado de la falta de perdonar. El cuerpo se intoxica emocionalmente, de tal manera que se afecta su funcionamiento normal.

Algunos órganos comunes que se impactan en su funcionamiento normal son el páncreas, hígado, pulmones, corazón, riñones y el mismo cerebro. El sistema respiratorio completo, nervioso central, circulatorio, excretor, digestivo, genitourinario, reproductor masculino y femenino se afectan, limitándose su funcionamiento. La ira, el coraje, el enojo, el rencor son abono para estas condiciones de salud negativas.

La decisión de cancelar una deuda a alguien que jamás me podrá pagar debido al daño irreparable causado, es la mejor decisión que puede tomar el ser humano en su vida. Muchos agresores que se convierten en acreedores emocionales, sentimentales y espirituales al momento de cometer la falta, el daño que causó profunda angustia, dolor y sufrimiento, no tenían la capacidad, la habilidad y la destreza para actuar de otra manera. Bastantes de estos también fueron víctimas de experiencias similares o peores. Eso pasa mucho con los agresores sexuales y con los acosadores escolares que buscan víctimas frágiles y más débiles para vengarse y desquitarse del daño que recibieron. De esta manera pasan facturas a nuevas víctimas y así callar sus conciencias y satisfacer sus deseos de venganza reprimidos.

Volvamos a la experiencia de la que te hablé y dio motivo para escribir este libro. Después de treinta años de servicio ministerial pastoral (treinta y siete, uniendo el periodo como líder laico) y cuando más exitosa iba mi carrera profesional me pasó lo que conoces. Tenía motivos para sentir ira, coraje, enojo, albergar rencores y resentimientos. No obstante, decidí hacer otra cosa.

La vida me había permitido aprender para enseñar y me había llegado un excelente momento, muy oportuno, para poner en práctica lo que tanto había enseñado y predicado. Por eso, en lugar de odiar y guardar rencor y resentimientos contra quienes fueron los autores intelectuales del caso y los oficiales que se prestaron para participar del mismo, de tal manera que pareciera creíble, decidí PERDONAR.

Fueron cinco meses largos, donde al quedarme sin ingresos me tuve que acoger al Capítulo 7, de la Ley de Quiebras Federales. No tenía capacidad de pago al solamente contar con una fuente de ingreso que me daba para pagar mi casa y mi carro. La iglesia nunca me dejó espiritual ni materialmente hablando. Cuando llegó el día del juicio, el 21 de agosto de 2015, fui, como recordarás, exonerado por un juez justo que no se convenció de la evidencia presentada. Un testimonio estereotipado, lleno de contradicciones e incongruencias hicieron incompatibles las versiones y quedó claramente sostenida mi inocencia. Como te mencioné, en el sexto mes, el 29 de septiembre de 2015, los agentes federales del *FBI* arrestaron la banda "Los Suricatos".

Al saldar estas deudas me siento en la libertad y la confianza de poderte hablar con honestidad y sinceridad. Solamente cuando un bautismo del amor y el perdón de Dios te cubren es que puedes lograr poner en acción la decisión de perdonar. Pudieras confrontar aún el trauma de no poder otorgarlo a quien abusó de ti emocionalmente, verbalmente, psicológicamente. También, sexual, laboral, escolar, físicamente o de cualquier otra manera, te invito a que PERDONES. No importa quién hayas entendido cometió agravio contra ti, alguna falta, ofensa, te aseguro que si tomas la decisión de perdonar tu vida cambiará por completo y para siempre. Incluso, si esa persona que te dañó tanto, según tu mejor entendimiento, es DIOS mismo, te aseguro que si lo perdonas nunca jamás serás el mismo.

Todo esto me enseñó que nadie puede hacerte daño, excepto el que permitas. Toda experiencia vivida, por más amarga y negativa que parezca, se convierte en un maestro de la vida. Pregúntate para qué Dios ha permitido que vivas tales experiencias. De seguro desea enseñarte algo muy valioso que te elevará a niveles sin precedentes. Saldrás siendo una persona más fuerte, con una relación espiritual con el Señor de mayor intimidad. Deja de mirar las cosas con lentes de pérdida y mediocridad. ¡Descubrirás que nada sucede en nuestras vidas sin una razón de ser y al final quedarás más fortalecido que nunca!

Por eso te invito a que decidas PERDONAR, comenzando por ti mismo para luego seguir con los demás. He vivido que hasta siete veces en ocasiones no es suficiente para completar el proceso de perdonar. Por eso, Jesús enseñó que se necesitan hasta setenta veces siete si fuera necesario, para completar el proceso de liberación y sanidad que le trae al ser humano el acto de perdonar. Es perdonarnos a nosotros mismos nuestros errores y desaciertos para, entonces, poder perdonarles a los demás las faltas cometidas contra nosotros. Solo de esta manera seremos verdaderamente libres y sanados.

EPÍLOGO

"Yo te purifiqué, pero no como se hace con la plata, sino que te probé en el horno del sufrimiento". Jeremías 3: 10 DHH

El texto bíblico ciertamente recoge mi sentir general de todo el proceso. Más Dios siempre se vale de los medios que sean para cumplir sus propósitos en Sus hijos. Al parecer mi proceso hubiera terminado el 29 de septiembre de 2015, cuando el *FBI* arrestó a los integrantes de la Banda de Los Suricatos. La realidad fue otra. Siempre supe que terminaría escribiendo un libro testimonial que me permitiera compartir que toda crisis puede ser transformada en esperanza. Luego de haber completado mi proceso tan difícil les comparto que no todo quedó allí.

El trato de Dios conmigo, como les compartí, ha estado presente a lo largo de toda mi vida. Dios me conoció desde la eternidad, desde antes de que fuera formado en el vientre materno y que declaran sentencia de muerte contra mí. Así que, todas las cosas que iba a vivir estaban escritas sin faltar ninguna de ellas.

He tenido muchas experiencias luego de aquellos seis meses, desde marzo a septiembre de 2015. Muchas de ellas las conocieron en la lectura del libro. No obstante, lo que he vivido desde el 9 de noviembre de 2018 hasta el presente no tiene comparación alguna.

Estas experiencias se las compartiré en el segundo volumen de *Señor, nunca dejaré de amarte*. Dios mismo se encargó de ponerme en el camino un sistema terapéutico maravilloso que ha traído el restablecimiento de todo el orden en mi salud, bienestar integral y calidad de vida.

Los planos de la salud integral u holística, que son el mental, emocional, espiritual y físico, pudieron ser restablecidos al orden que se requerían. Esto a los fines de que contara con toda la capacidad para continuar sirviéndole a Dios en un nuevo tiempo de vida en el ministerio que jamás imaginé. Hoy puedo decir que me siento en mi mejor momento y etapa ministerial, para la gloria del Señor que me llamó a seguir siendo un sanador herido, como el título de un libro.

Reconozco que soy una obra no terminada de Dios. Él no ha terminado conmigo y al reconocer esto tengo apertura a que Su obra siga avanzando en mi vida. He aprendido que las personas que reconocemos nuestras limitaciones y fragilidades humanas son las que verdaderamente triunfamos en la vida. Por eso vuelvo y te insisto a que siempre tengas espacio y apertura a crecer y a seguir desarrollándote. Cerrarte a esa posibilidad sería anularte y no permitirle a Dios que Su sol de justicia brille con toda Su fuerza a favor de tu vida. Lo que no comprendes hoy seguramente luego lo lograrás comprender. Tu vista y tu visión pueden ser transformadas para descubrir que ese sol de justicia siempre estuvo brillando detrás de los nubarrones grises.

Qué al terminar de leer esta historia te puedas encontrar en ella y mirarte como si fuera un espejo. Tal vez no sean las mismas experiencias, pero te aseguro que el sabor de los sentimientos en algún momento tuvo que haber sido el mismo. Si aún Jesús, cuando tuvo sed le dieron a beber vinagre mezclado con hiel en lugar de agua, qué más podemos esperar nosotros que no podemos comparar cualquier angustia, dolor y/o sufrimiento con el del Maestro Jesús.

ACERCA DEL AUTOR

Jaime se desempeña como pastor misionero a tiempo completo y viviendo por fe en Estado Unidos, Latinoamérica y el Caribe, en especial, destacado en la República de México. Realiza una pastoral social comunitaria misionera sin fronteras. Dedica parte de su tiempo a brindar servicios psicoeducativos, de psicoterapia pastoral clínica y a enseñar a través de sus diferentes escuelas adscritas a ACADE, Inc.

Esta es una organización sin fines de lucro. Es mejor conocida como una organización no gubernamental, que brinda servicios de capacitación en las áreas de educación cristiana transformadora, liderazgo espiritual transformativo y consejería de primer orden o nivel que brinda la primera respuesta en caso de una crisis.

También ha estado capacitándose y, al mismo tiempo, ofreciendo retiros de sanación integral con el uso de medicina homeopática, como parte del equipo de facilitadores de la Academia Internacional de Homeopatía Clásica Avanzada del Dr. Jorge Carlos Barbosa del Toro, en Guadalajara, México.

Para conocer de manera más amplia y solicitar los servicios que presta pueden acceder en Internet a través de sus redes sociales de Facebook®, como Pastor Jaime Galarza, y su canal de YouTube®, Pastor Jaime Galarza Tv.

RECONOCIMIENTOS ESPECIALES

Las siguientes personas y entidades apoyaron económicamente este proyecto literario. A cada uno de ellos mi reconocimiento especial por su compromiso con una mejor calidad de vida para todos los seres humanos. Su apoyo a una infraestructura sociomoral de mejor calidad en Puerto Rico, Estados Unidos y Latinoamérica como agentes de cambio es altamente encomiable.

- ACADEMIA DE DESARROLLO PROFESIONAL INTEGRAL (ACADE, INC)

- ACADEMIA INTERNACIONAL DE HOMEOPATÍA CLÁSICA AVANZADA, DEL DR. JORGE CARLOS BARBOSA DEL TORO, GUADALAJARA, MEXICO

- FAMILIA GALARZA SIERRA

- MINISTERIOS COMUNITARIOS BRISAS DE EMMANUEL PASTORES GLORIA Y JORGE NIETO

- PERIÓDICO EL SOL DE PUERTO RICO

- PEC GROUP, Inc. DE SHARON LÓPEZ BERRÍOS

- PURA NUTRITION Y PURA NUTRITION LAB DE MIGUEL ROJAS

- TERCERA IGLESIA BAUTISTA DE PONCE

NUNCA DEJARÉ DE AMARTE

Dijiste: "Mi siervo: ¿si te quitara
mi cerco comoquiera me amarías?".
Como tantas veces yo te cantara respondí
aunque la respuesta sabrías.

"Señor, nunca dejaré de amarte",
fue la contestación que a todas te di.
No podría ninguna cuestionarte,
pues era a ti a quien en ese momento vi.

Me lo preguntaste en tres ocasiones.
En ninguna de ellas mi respuesta cambió.
Eran las más sinceras confesiones,
que cual perfume grato al cielo subió.

No te cuestioné nunca tu proceder.
Tampoco me preocupé por saberlo.
Porque sé que aun hasta al perecer
no reclamo todo de ti conocerlo.

Un día el sol se fue de mi vista
y la oscuridad trató de segarme.
La paz tuya, Dios, a mi ser provista
permitió sentirte con amor cargarme.

Cual Job creí una gran pérdida tener,
pero como él tu nombre lo bendije.
Mi amor por ti lo debía mantener
como en abundancia un buen día dije.

Tu presencia jamás me abandonó.
Tus promesas diarias un bálsamo fueron.
Vi allí a quien por mí su vida donó
y tus marcas de amor mis ojos vieron.

Muchos me declararon mi victoria
porque ángeles fueron en mi desierto.
Les enviaste para yo ver tu gloria,
cual si estuviera en celestial concierto.

Se cumplió en mí toda declaración,
ni una se dejó de cumplir en mi vida.
Porque, Señor de mi eterna salvación,
sabes que seré fiel hasta tu venida.

Proclamo que vivo para servirte.
Lo digo y lo reafirmo humildemente.
Estoy hoy ante ti para rendirte
honor con mi espíritu, mi cuerpo y mente.

Si preguntas volveré a decirlo.
Mi contestación nunca cambiará.
No dejaré jamás de repetirlo
porque mi corazón siempre te amará.

En ti he depositado mi confianza.
También te entregué mi sincero amor.
Con mis labios te rindo alabanza
y mis manos alzo como adorador.

Dijiste: "Mi siervo: ¿si te quitara
mi cerco comoquiera me amarías?".
Como tantas veces yo te cantara
respondí, aunque la respuesta sabrías.

"Señor, nunca dejaré de amarte",
fue la contestación que a todas te di.
No podría ninguna cuestionarte
pues era a ti a quien en ese momento vi.

Escrita el 21 de abril de 2015
por Berenice Caraballo Marín

COMENTARIOS
EXTENDIDOS

Nunca te dejaré...

Fue bien temprano en la mañana cuando recibí una llamada de un amigo pastor (Rev. Cruz Negrón). Me decía que el periódico reseñaba un asunto de prostitución, en el cual la descripción del sujeto involucrado era un gran amigo nuestro. No habían pasado quince minutos y mi amigo imputado, Rev. Jaime Galarza, me estaba llamando.

Recuerdo su angustia, dolor y frustración, pero también, su fe inquebrantable. Yo era la segunda persona a la que llamaba desde que inició su pesadilla. Dado que reconozco lo importante que son los amigos para mí, no dudé en querer estar con Jaime.

Su vida había sido de grandes luchas desde que nos conocimos en el Seminario Evangélico de Puerto Rico. Su amistad era y es muy especial. Hacia este amigo sentía gran admiración por su persistencia, entrega, dedicación y amor a la Obra, pero también había sido de bendición para mi vida y familia.

No fue un momento para juzgarlo ni para distanciarme de él. Viajé a Puerto Rico para decirle que no estaba solo. Eso es lo que hacen los verdaderos amigos. Tuvimos la oportunidad de hablar, orar, almorzar y hasta de reírnos.

Yo sabía en mi corazón que Dios le haría justicia y que los artífices de la maldad no iban a prevalecer. La realidad es que todo salió a la luz y con ella quedaban al descubierto los verdaderos amigos, los verdaderos feligreses, los verdaderos compañeros en la pastoral. En fin, un buen amigo es quien está contigo en todos los momentos de tu vida, es quien confía en ti y presta su escucha de manera solidaria.

Bien lo dice Proverbios 17: 17 "En todo tiempo ama el amigo y es como un hermano en tiempo de angustia" (RVR95). Gracias por tu amistad. Jaime, el Señor nunca te dejará.

Rdo. Dr. Jorge A. Texidor Quiles, PhD
Ministro presbiteriano ordenado
Psicólogo clínico licenciado

◆◆◆◆◆◆◆

Conozco al pastor y Dr. Jaime Galarza desde que él era un adolescente de catorce años, cuando el *afro look* le caracterizaba en su grupo. Comenzaba mi ministerio en la Primera Iglesia Bautista de Yauco (PIBY), después de haber salido de la Iglesia Católica y del movimiento carismático que se había desligado de la misma. Había un retiro espiritual del Ministerio de Bellas Artes de PIBY, en una propiedad del hermano, y líder de esta iglesia, Santos (Tito) Caraballo, en Yauco. Una de las muchas interrogantes era si la pantomima era agradable o no a Dios. Mi respuesta sigue siendo esta: todo lo que haces para glorificar a Dios, le agrada, porque Él mira el corazón.

He visto crecer a Jaime Galarza Sierra en todos los aspectos de su vida. Lo he visto crecer, pero también caer y levantarse. Él puede testificar las veces que lo he llamado para compartir palabras de consejo, mutuamente. Dios ha querido que de alguna manera nos mantengamos unidos, aunque no sea mi pastor, pero sí un excelente consejero pastoral, sensible al Espíritu Santo. No es perfecto, pero no tengo duda que es un "ungido de Jehová", como David llamaba al rey Saúl. Allá para comienzos de marzo de 2015 ambos éramos integrantes de la Junta Directiva de las Iglesias Bautistas de Puerto Rico, para el término 2013-2015. Solíamos viajar juntos a las reuniones y conversábamos de los negocios del Padre Celestial. En uno de esos viajes, estaba yo intrigada con un pasaje bíblico de Mateo 12. Quería escuchar una respuesta sabia sobre el tema ¿Por qué a David se le permitió comer de los panes de la proposición que no le era lícito, es decir, permitido comer? Consulté a muchos pastores que tenían maestría en divinidad, inclusive, con preparación doctoral, y ninguno me daba una respuesta que satisficiera mi ser. Consulté libros expertos y tampoco. Así pues, Jaime conducía y reflexionábamos sobre el tema.

Este pasaje me martillaba una y otra vez en mi mente. Ese mismo mes llegó de Búfalo, NY, una hermana metodista que hoy es pastora, la hermana Deborah Quiñones. Nos reuniríamos para discutir una oferta de trabajo con una universidad teológica en la cual ella estaba involucrada. Pensé que el Rdo. Dr. Jaime Galarza Sierra sería un excelente recurso, por lo que, concertamos una cita en el negocio que administraba mi hija Waleska. Llegó un poco más tarde, pues atendía una consejería pastoral. Durante la reunión se expusieron los temas de una organización de esta naturaleza. Finalmente, el pastor dijo que no aceptaba la oferta porque no podía ser desleal a la Universidad Interamericana de Puerto Rico (UIAPR).

Su fidelidad estaba con esta institución universitaria. Pude sentir de inmediato, literalmente, "una nube negra que rodeaba al pastor". Mi corazón se compungió y guardé silencio. Antes de despedirse él oró.

El viernes, 20 de marzo de 2015, me despertó tempranísimo en la mañana un mensaje que me enviaba una hermana del Ministerio de Mujeres Bautistas de Puerto Rico. Era una copia de la noticia que salía en el periódico El Nuevo Día, donde señalaba el arresto del pastor Jaime Galarza. Junto con esta situación vino la pérdida de su empleo como profesor de la Universidad Interamericana de Puerto Rico y la destitución como capellán de la Policía de Puerto Rico.

Ese mismo día, también la maquinaria de la Junta Directiva de las Iglesias Bautistas de Puerto Rico le pedía renunciara como pastor, conforme a los procedimientos. Sin embargo, Jaime se mantenía firme en su posición de inocencia y solo sus ovejas de la Tercera Iglesia Bautista de Ponce siguieron sosteniéndole, junto a otros hermanos que creíamos se le diera la oportunidad de que el caso se viera. Y es que, para mí, cada pastor es un "ungido de Jehová", pero con Jaime, mi sentir era mayor, por cuanto seguía martillándome las palabras de Mateo 12. Durante todo ese tiempo, no tuve respuesta a mi inquietud. Mas al emerger esta situación, recibí del Señor lo que quería que aprendiera y compartiera. Esto es: las estructuras humanas no pueden ir por encima de los procesos de Dios y las necesidades de la gente.

Días después me llamó mi pastor, el Rdo. Juan Nelson Medina Argüeta, para que llevara una reflexión a nuestra iglesia; la iglesia a la cual recurrió Jaime y recibió apoyo. Ya Dios me había hablado. Él maneja las necesidades humanas diferente a como lo hacen los hombres. Muchas veces no podemos entender los procesos de Dios, pero él tendrá misericordia de quien quiera tener misericordia. Ejemplos bíblicos de esto son los casos de Sansón, Ruth, Rahab, Tamar, Judá, el mismo David, Zaqueo y muchos más. ¡Cuánta misericordia ha tenido el Padre conmigo!

David comió de los panes de la proposición que no le era lícito porque tenía hambre física. La necesidad biológica no puede encajonarse en estructuras. El sacerdote lo alimentó y, lamentablemente, allí había un espía de Saúl que contó lo sucedido. Esta acción les costó la vida a ochenta y cinco sacerdotes. ¿Fue esto justo? La justicia de Dios es perfecta y algún día la entenderemos.

También tenemos necesidades psicológicas, sociales y espirituales, a las cuales el mismo Señor hará la provisión perfecta. Posteriormente, el mismo pastor ha testificado por qué tuvo que pasar este proceso; era parte de la disciplina del Padre para su vida. Aprendió muchas cosas y creo una de ellas es que la fidelidad perfecta es para Dios, nunca a instituciones humanas.

No olvidemos el Salmo 118: 8-9, "Mejor es confiar en Jehová que confiar en el hombre. Mejor es confiar en Jehová, que confiar en príncipes". Aprendió que los títulos no le dan la identidad. Esta proviene de la obediencia al Padre. Con él, también hemos aprendido los que compartimos de sus experiencias.

El 21 de agosto de 2015, nuestro hermano, amigo y pastor, Dr. Jaime Galarza Sierra, fue declarado inocente ante la justicia humana. El 29 de septiembre de 2015 la persona que lo acusó fue arrestada por el *FBI* por violación de derechos civiles, implantación de evidencia falsa y fabricación de casos, entre otras cosas. Oramos para que la misericordia de Dios lo alcance y se salve. No tengo duda, que en todo Dios tiene propósito. Para muchos la duda seguirá en sus mentes si no la someten a la mente de Cristo.

Nadie tiene el derecho de juzgar, eso le corresponde solo al Señor. Mirémonos todos en el espejo de nuestro hermano pastor, porque Dios seguirá haciendo maravillas.

Dra. Alejandrina Ortiz Martínez, PhD
Presidenta
Ministerio Mujeres Bautistas de Puerto Rico
2014-2017

♦ ♦ ♦ ♦ ♦ ♦ ♦

Ha sido para mí un gran honor conocer al pastor Jaime Galarza desde enero de 2011. Fue uno de los profesores de consejería que impactó mi vida por su talento y pasión en la cátedra, servicio y disposición de estar presente en el momento de crisis. Más adelante, tuvimos el privilegio de participar en dos programas de televisión: De la Mano y 365 cartas en la noche.

Hoy puedo decir que el doctor Galarza ha sido un apoyo y amigo para mí, mi familia e iglesia. Sus acertados consejos y amplio conocimiento en la Palabra de Dios y en el campo de la consejería han sido una gran ayuda, con repercusiones espirituales, emocionales en muchas personas en y fuera de Puerto Rico.

El pastor y Dr. Jaime Galarza ha sabido manejar situaciones difíciles que nos acontecen a todos en la vida y es ahí en donde se conoce el carácter de un hombre. Dios nos manda a ser compasivos y a mantener los lazos de amistad más allá de las circunstancias y del tiempo. Proverbios 17: 17 dice: "Un amigo es siempre leal y un hermano nace para ayudar en tiempo de necesidad" (versión NTV).

Hermano y amigo Jaime, gracias por no rendirte y seguir siendo luz. Dios te ha honrado. Hoy me toca a mí, gran amigo.

Pastora Glenda Raquel Pérez Domínguez, M.S.
Pastora General Pabellón de la Victoria
Hormigueros, Puerto Rico

"Yo conozco tus obras; he aquí, he puesto delante de ti una puerta abierta, la cual nadie puede cerrar; porque, aunque tienes poca fuerza, has guardado mi palabra, y no has negado mi nombre" Apocalipsis 3: 8 (RV1960).

Nuevamente nos encontramos en la caminata de la fe y la razón, esta vez, con el gozo de dar testimonio del encuentro con el pastor Jaime Galarza Sierra en agosto de 2015. Desde mi visión como ser humano, hijo del Dios viviente que nos unió, y digo esto porque en ese momento, cuando llegó a Cuba por primera vez, no nos conocíamos, nunca habíamos sido presentados. Sin embargo, nuestras vidas se cruzaron firmemente en el ministerio y la amistad desde el minuto uno y descubrí un excelente ser humano, hijo bendecido de Dios. Parecía haberlo conocido de siempre, que venía con el único interés de llegar a un lugar de acogida y reposo después del largo y empinado trecho por el que estaba transitando. Así al igual que los caminantes que no tienen un solo camino hacen "caminos al andar", como dice ese hermoso poema, llegó a Cuba a nuestro encuentro.

Se veía cansado, pero no vencido. Después de una espera aeroportuaria choqué mi mirada de reconocimiento con una persona que me lanzó esa sonrisa característica suya. Era él. Nos dimos un abrazo fraternal de bienvenida. En lo adelante todo fueron preguntas y anécdotas; preguntas que estaban destinadas, no a encontrar simples respuestas, sino que buscaban recorrer el camino andado y por andar, relacionar los hechos con "aprendizajes". Ante cada aparente respuesta aparecían nuevas preguntas que estaban siempre entremezcladas y que quedaban a veces sin respuestas, de manera consciente o inconsciente. Detrás de cada una de ellas relacionábamos los hechos y siempre revelaban la acción salvífica del plan de Dios. Esto ligado a todas las acciones que generaron cambios significativos, no solo en la vida del pastor Jaime, sino a partir de ese encuentro, en mi vida y en el quehacer teológico con las personas de las comunidades de fe con las que comparto a diario.

En este momento, la verdad sea dicha, comprendí porqué nos encontramos. Descubrí cosas nuevas contenidas en las palabras del pastor, que se expresaba con toda honestidad y sencillez, desnudando el alma. Sobre todo, tomo en cuenta el análisis real de las particularidades de aquel momento vivido en su contexto sin omitir nada. Ver el acompañamiento total de su iglesia, su familia y las personas más allegadas, todo lo cual me permitió hacerme un juicio. Comprendí la gran persona que tenía delante, del gran aporte que en muchas direcciones ese encuentro significaba, de la necesidad de diálogo que teníamos ambos. No solo porque como pensador intelectual hace un gran aporte a la iglesia en esas complejas disciplinas de la psicología, la sociología y la teología. Sino también por su humildad, que nos motivó a todas las personas que le conocimos en su recorrido por Cuba.

Con una frescura y una extraordinaria capacidad de adaptación a las limitaciones de mi país dio aportes y testimonios de sus andares teológicos, fundamentados siempre por los principios de la fe cristiana. Es así como cautivó múltiples y diversos corazones en esta tierra cubana.

Haciendo nuestro su "¡Amen que sí!", sirva este testimonio para decir en pocas palabras que, el pastor Jaime Galarza Sierra se convirtió en nuestro pastor. Incluso, rápidamente en un amigo entrañable y hermano de lujo, en el que pudimos confiar de ahí en adelante nuestro apoyo incondicional hasta el presente. Por eso no pude hacer otra cosa que no fuera brindarle nuestro apoyo a nombre de todo el pueblo cubano que le conoció y le amó desde el primer día. A Dios sea la honra y la gloria y sus hijos las victorias.

Lcdo. Santiago Conrado Delgado Castillo, MSBS
Secretario Ejecutivo
Fraternidad de Iglesias Bautistas de Cuba 2015-2017

Mi hermano en Cristo Jaime Galarza Sierra es sinónimo de superación, lucha y, sobre todo, entrega al servicio de Dios. Conocí a Jaime cuando apenas comenzaba su adolescencia, a sus catorce años. Recuerdo como si hubiera sido ayer. Fue en un encuentro de jóvenes, en una actividad al aire libre frente a una fogata con la Sociedad de Jóvenes de la Primera Iglesia Bautista de Yauco. Era septiembre de 1982. Me llamó la atención su forma de alabar a Dios. En ese momento, el Señor me inquietó a invitarlo a formar parte del ministerio musical Seguidores de Jesús. En la agrupación participó por varios años, desde diciembre de 1982 hasta diciembre de 1991, aunque siempre ha seguido participando en eventos especiales. Incluso, tuvo un cántico como solista en el primer disco (*LP*) del grupo, en 1983. El himno es una oración dirigida al Señor Jesús y se llama "Necesito de Ti". Es una de las alabanzas que se continúan cantando.

Terminó su participación con el ministerio musical Seguidores de Jesús para ir a cumplir con su primer llamado y primera vocación pastoral, en la Iglesia Bautista Sinaí en Guánica. Este fue un pastorado lleno de grandes retos, y a su vez, de lindas experiencias. Siendo Jaime pastor allí en Guánica pasé por dos momentos cruciales en mi vida donde necesitaba recurrir a alguien y allí estaba mi amado Jaime. Recuerdo sus palabras. Me dijo: "Tantas veces que tú me ayudaste y ministraste, y, ahora me toca ministrarte a ti".

Realmente, fueron dos momentos donde Dios me bendijo y pude ver al estudiante que se había convertido en todo un maestro.

Luego de muchos estudios y grandes esfuerzos Jaime se convirtió en el reverendo y doctor Jaime Galarza Sierra. Estando en las diferentes áreas de su ministerio, y en su gran momento, viene, tal vez, la situación más difícil de su vida. Es acusado por la Policía de Puerto Rico de cometer el delito menos grave de indemnidad personal. Es en este tiempo que Jaime vuelve a necesitar de nuestro apoyo y el de muchas otras personas. Tanto mi esposa, Wanda López, como yo creímos siempre en su inocencia y lo apoyamos espiritual e integralmente. Al final, todo resultó ser una acusación falsa por un esquema de policías corruptos, los cuales meses después fueron acusados y arrestados por el *FBI* y convictos.

Hoy día, Jaime sigue sirviendo a Dios y restaurando vidas en y fuera de Puerto Rico y contando con el apoyo integral de toda nuestra familia.

Luis A. Marín Torres, MBA
Presidente ministerio musical Seguidores de Jesús Presidente Junta de Síndicos Primera Iglesia Bautista de Yauco 2015 (entre muchos años)

"Pastor, profesor, capellán, doctor y amigo, ese es el reverendo Jaime Galarza Sierra, a quien conozco hace más de veintidós años. Llegando a la Primera Iglesia Bautista de Guayama, en el 1997, se despedía el pastor de la congregación. Luego, para mi sorpresa, fue nombrado director de la Oficina de Capellanía Evangélica, en la Región de Guayama de la Policía de Puerto Rico, en donde laboraba como secretaria en la oficina de los diferentes comandantes. Allí me correspondía brindarles ayuda directa a los capellanes y tuve la oportunidad de colaborar directamente con el doctor Galarza.

Nuestro lazo de trabajo como capellán se extendió al hoy considerarlo mi guía espiritual y un gran amigo de la familia. Fueron diferentes momentos en donde me ayudó a crecer espiritualmente y sobrellevar diferentes situaciones a nivel profesional y personal. Estos eventos fueron canalizados de tal forma que siempre pude ver la mano de Dios obrando en mi vida. Me ayudó a ver que en mi debilidad Dios me hacía fuerte.

Jaime es el amigo que siempre tiene una palabra de aliento para todo el que la necesite. Como profesional, tiene una mente privilegiada. Posee gran sabiduría, que solo puedo describir que viene de lo Alto. Esto es una hermosa bendición para él y para todos los demás que con gran amor y entrega asiste en diferentes situaciones.

En la Comandancia Área de Guayama nos ayudaba en la consejería pastoral y ofrecía semanalmente los servicios espirituales de corta duración, pero siempre llevando un mensaje alentador de esperanza a todo el que allí se congregaba. Ofrecía su ayuda profesional a los empleados y familiares, ya fuera de situaciones de crisis, como otros asuntos personales. Nos asistía en los momentos de enfermedad y eventos fúnebres.

En 2014, el doctor Galarza se trasladó al Área de Ponce para brindar sus servicios de capellanía, ya que la iglesia que pastoreaba está en esa región. En 2015 pasó un proceso legal muy difícil, en donde recibió todo mi apoyo incondicional. Siempre he creído en su llamado y en su integridad. Sin sanidad no hay crecimiento y el Dios al cual le sirve lo ha hecho libre y sano. Así puede continuar llevando un mensaje de esperanza en tiempos de crisis con su hermoso testimonio a líderes y público en general.

Maritza López, BS
Secretaria jubilada Comandancia Región de Guayama Policía de Puerto Rico

◆ ◆ ◆ ◆ ◆ ◆ ◆

Nuestro gran amigo Jaime...
Mi esposa y yo conocimos al Rdo. Dr. Jaime Galarza Sierra alrededor de ocho a nueve años, en una clase para consejeros en el templo de la Iglesia La Roca en Florida, Puerto Rico. Siempre recuerdo que cuando comenzó a ofrecerla no nos gustó la forma que comenzó a hablarnos del tema de la ética. De hecho, después le preguntamos al otro profesor si él volvería.

A medida que pasaban las horas nos fue agradando su forma de enseñar, al grado que lo invitamos a predicar un domingo en el templo de la Iglesia Filadelfia, también en Puerto Rico. Cuando comenzó su predicación, una de las cosas que recuerdo dijo fue, algo así: "Yo soy franco al predicar y las canto como las veo". Predicó y las cantó como las vio. A la mayoría le gustó el sermón y la ministración; a otros, como siempre, no tanto.

La frase que se nos quedó fue: "¿Amén que sí o Amén que no?". La usé muchas veces. Desde ese momento comenzó una gran amistad que ha permanecido hasta hoy.

Fue en otras ocasiones a predicar o a dar conferencias al templo. También participó como recurso en Escape de Matrimonio del ministerio (retiro dirigido a matrimonios). Nos invitó varias veces a su casa y en una se quedó en la nuestra.

Cuando nos enteramos de su arresto por las noticas y de la acusación que le imputaron nos sorprendió grandemente porque el Jaime que conocíamos no podía haber hecho eso. Ese día teníamos en el templo estudio y me tocaba darlo. Los hermanos me preguntaron, les indiqué que ya lo sabía y que no llegaran a ninguna conclusión acusatoria porque no teníamos toda la versión, y, principalmente la de él. Yo lo llamaría.

Lo llamé, dialogamos y le creí. Porque en el tiempo que lo conocíamos nos dejó ver la clase de creyente y ser humano que era y es. Lo invitamos a nuestro templo a predicar sin saber cuál sería el veredicto, pero confiando en que Dios no le dejaría en vergüenza.

No le dimos la espalda por lo antes mencionado. Porque los amigos estamos para ayudarnos, apoyarnos y levantarnos, sea verdad o no. ¡Dios sacó a la luz la verdad! Él era inocente. El agente era corrupto y le tendió una trampa, abusando de su disponibilidad para ayudar al necesitado, pero Dios lo puso en alto.

He visto después de toda esa odisea desagradable a otro Jaime, más fuerte, más decidido a ayudar, a hacer todo lo que Dios le ha encargado. Aunque ha perdido muchas cosas materiales, ha ganado mucho más en el ámbito espiritual. ¡Ha perdido, pero ha ganado más!

Jaime, de parte de Millie y Carlos Mojica, eres un gran amigo. De hecho, tengo que decir que puedo contar con los dedos de mis manos nuestros amigos verdaderos, compañeros en el ministerio que tenemos mi esposa y yo, y eres uno de ellos. Siempre has estado para ayudarnos, apoyarnos y regañarnos cuando no hacemos las cosas bien.

¡Gracias, muchas gracias por todo! Proverbios 17: 17 dice: "El amigo ama en cualquier ocasión, y un hermano nace para compartir la adversidad".

Millie Díaz y Carlos Mojica
Pastores
Concilio de las Asambleas de Dios
Región Puerto Rico

♦ ♦ ♦ ♦ ♦ ♦ ♦

Made in the USA
Middletown, DE
02 November 2021